ANGES
101

ANGES 101

*Introduction à la
communication, au travail et
à la guérison avec les anges*

DOREEN VIRTUE, PH.D.

Traduit de l'anglais par
Lou Lamontagne et Christiane Arlaud

Traduction : Lou Lamontagne et Christiane Arlaud
Révision linguistique : Féminin Pluriel
Révision : Nancy Coulombe, Suzanne Turcotte
Typographie et mise en page : Sylvie Valois
Design : Charles McStravick
Illustration de la couverture *(Flaming Messenger)* : Marius Michael-George
Photo de Doreen : www.photographybycheryl.com
Graphisme de la page couverture : Nancy Lizotte, Matthieu Fortin
ISBN 978-2-89565-505-3
Première impression : 2007
Dépôt légal : 2007
Bibliothèque et Archives nationales du Québec
Bibliothèque Nationale du Canada

Éditions AdA Inc.
1385, boul. Lionel-Boulet
Varennes, Québec, Canada, J3X 1P7
Téléphone : 450-929-0296
Télécopieur : 450-929-0220
www.ada-inc.com
info@ada-inc.com

Diffusion
Canada :   Éditions AdA Inc.
France :   D.G. Diffusion
            ZI de Bogues
            31750 Escalquens - France
            Téléphone : 05-61-00-09-99
Suisse :   Transat - 23.42.77.40
Belgique : D.G. Diffusion - 05-61-00-09-99

Imprimé en Chine
Participation de la SODEC.
Nous reconnaissons l'aide financière du gouvernement du Canada par
l'entremise du Programme d'aide au développement de l'industrie de l'édition
(PADIÉ) pour nos activités d'édition.
Gouvernement du Québec - Programme de crédit d'impôt pour l'édition de
livres - Gestion SODEC.

Catalogage avant publication de Bibliothèque et Archives nationales du
Québec et Bibliothèque et Archives Canada

Virtue, Doreen, 1958-

    Anges 101 : introduction à la communication au travail et à la guérison
avec les anges

    Traduction de: Angels 101.

    ISBN 978-2-89565-505-3

    1. Anges - Miscellanées. I. Titre. II. Titre: Anges cent un.

BF1623.A53V5714 2007   202'.15   C2007-940815-X

TABLE DES MATIÈRES

QUI
SONT LES
ANGES ?

En ce moment même, vous avez des anges gardiens auprès de vous. Ces anges sont de purs êtres de lumière divine qui sont totalement dignes de foi et désirent vous aider dans tous les domaines de votre vie. Le terme *ange* signifie « messager de Dieu ». Les anges transmettent les messages du Créateur à l'être créé, tels des facteurs célestes.

Les anges aiment tous les êtres inconditionnellement. Ils regardent au-delà de la surface et voient la divinité en chacun de nous. Ils se focalisent uniquement sur notre partie divine et notre potentiel, et non sur nos « défaillances ». Les anges ne portent donc pas de jugement, ils apportent seulement de l'amour dans notre vie.

Vous êtes en sécurité avec les anges et vous pouvez entièrement leur faire confiance.

Que vous soyez croyant ou sceptique, peu importe, parce que les anges croient en *vous*. Ils voient votre lumière intérieure, ils connaissent vos véritables talents et ils savent que vous avez une mission importante dans la vie. Ils veulent vous aider en *tout*.

Selon les sondages, la majorité des Américains adultes (de 72 à 85 %) croient aux anges, et 32 % affirment qu'ils ont rencontré un ange. Vous pouvez donc conclure qu'il est normal de croire aux anges.

Vous n'avez pas besoin d'avoir une formation particulière, de ressembler à un saint ou de participer à des activités religieuses pour communiquer avec les anges. Ils aident tous ceux qui les appellent, quelle que soit la circonstance. L'aide des anges est gratuite, toujours disponible et elle ne cache pas de « piège ».

Tous les jours, je reçois au bureau des dizaines de lettres de personnes qui ont vécu une expérience avec les anges, comme un avertissement qui leur a sauvé la vie, une intervention divine, le sentiment de la présence d'un ange, ou l'apparition d'un ange. Ces correspondants sont partie prenante de différentes démarches

de vie et de divers contextes religieux et spirituels, dont des agnostiques et des sceptiques.
Tous affirment que leur expérience était réelle
et qu'ils sont vraiment entrés en communication
avec leurs anges.

Ceux qui communiquent régulièrement avec
leurs anges disent constater d'importantes amé-
liorations dans leur vie. Ils se sentent plus heureux, plus paisibles et plus confiants, et moins
effrayés par la mort ou l'avenir. Ils savent qu'ils
ne sont pas seuls : des gardiens dignes de foi
veillent sur eux.

Je ressens la même chose. En 1995, alors
que je frôlais la mort, un ange m'a sauvé la vie.
Depuis, je donne des enseignements sur les anges
à l'échelle internationale au moyen de mes livres
et de mes ateliers. Je me sens plus heureuse et
plus comblée que jamais. Il est vraiment intéressant et émouvant de constater que lorsque les
gens commencent à travailler avec les anges, leur
vie s'apaise et s'améliore.

Avant d'avoir eu une expérience avec les anges,
expérience qui a transformé ma vie, j'exerçais le
métier de psychothérapeute et j'étais spécialisée
dans le traitement des troubles de l'alimentation
et des toxicomanies. Comme la plupart des thé-
rapeutes, je voulais aider mes clients à vivre plus

sainement et à mener une vie plus constructive. J'ai découvert que la communication avec les anges est le meilleur chemin vers le bonheur, et le plus rapide.

L'amour que les anges nous apportent est pur. Ils nous aident à entendre, à toucher, à voir et à comprendre Dieu dans notre vie de tous les jours. Par conséquent, que vous ayez besoin d'aide en ce qui concerne votre santé, votre carrière, votre vie amoureuse, votre famille ou tout autre domaine, les anges peuvent vous aider. Ils peuvent tout résoudre, de la question la plus anodine à la question la plus importante. Ils travaillent en votre nom dans la joie, dès que vous le demandez.

Note à propos de la religion

Bien que de nombreuses religions évoquent les anges, ceux-ci n'appartiennent à aucune religion ou secte en particulier. Ils sont véritablement non confessionnels. Les anges collaborent dans le cadre de toutes les démarches religieuses ou spirituelles, vous n'avez donc pas besoin de changer vos points de vue ou vos croyances pour travailler avec les anges.

La représentation traditionnelle des anges vient des religions monothéistes, soit le judaïsme, le christianisme et l'islamisme. *Monothéisme* signifie « croyance en un dieu unique ». Les fondements de la foi ont été posés par le patriarche Abraham, qui a donné sa forme au judaïsme, puis au christianisme, et enfin à l'islamisme. Ces trois religions intègrent la tradition des anges qui offrent messages et protection à leurs chefs et à leurs adeptes. Dans le monothéisme, l'ange joue le rôle de messager entre Dieu et les humains.

Les religions *polythéistes* (qui s'appuient sur « plusieurs dieux ») ont des déités angéliques, mais non ailées. Leurs déités sont les mêmes pour tous, contrairement aux déités personnelles, comme les anges gardiens. Dans les religions panthéistes, les membres croient que Dieu est partout, y compris dans la nature. En général, ces voies spirituelles travaillent avec les anges et les archanges ailés traditionnels, ainsi qu'avec les déesses, les élémentals (autre nom pour les anges qui habitent la nature) et d'autres déités.

En fait, les anges sont des archétypes universels, qui font partie tant des religions anciennes que des modernes. Même si certaines religions utilisent un autre terme qu'*ange*, toutes parlent du même phénomène, des conseillers spirituels bienveillants et dignes de foi.

De nombreuses personnes qui ont des anté-
cédents culturels chrétiens sollicitent les anges
au nom de Dieu et de Jésus. Les hindouistes
invoquent les anges, au même titre que Ganesha,
Sarasvati et d'autres déités qui sont au cœur de
leur système de croyances. Ceci est également
vrai pour les autres religions. Les anges tra-
vailleront avec n'importe quelle déité ou dans la
croyance qui vous convient. Après tout, ils sont
là pour générer la paix. Vous ne devez jamais
craindre que les anges vous demandent de faire
quelque chose qui vous effraie.

Par ailleurs, vous n'avez pas à craindre d'être
« trompé » par un esprit inférieur, puisque les
caractéristiques angéliques d'amour et de lumière
ne peuvent être fausses : ce sont des dons qui viennent directement de Dieu. Dans le monde matériel comme dans le monde spirituel, lorsque vous
rencontrez quelqu'un, vous pouvez immédiatement savoir s'il s'agit d'un être fiable, heureux,
et ainsi de suite. C'est pour cette raison que vous
reconnaîtrez les « cartes de visite » des anges, qui
se composent d'amour divin et pur. En d'autres
termes, vous n'avez pas à avoir peur de vous mettre en communication avec vos anges.

J'ai découvert que ceux qui travaillent avec
les anges établissent une relation étroite avec

Dieu, de sorte qu'ils peuvent guérir des peurs et de la culpabilité dont leurs enseignements religieux les ont peut-être imprégnés.

Ce que je remarque, c'est le nombre de guerres qui ont eu lieu au nom de Dieu et de la religion au cours de l'histoire de la Terre. Mais en ce qui concerne les anges, jamais. C'est l'unique partie de la spiritualité au sujet de laquelle nous pouvons tous être d'accord... tout le monde aime les anges.

Compréhension de la loi du libre arbitre

Dieu vous a fait don, à vous et à chacun, du libre arbitre, ce qui signifie que vous pouvez prendre vos décisions et agir selon vos croyances personnelles. Ni Dieu ni les anges n'interféreront avec votre libre arbitre.

Bien que Dieu et les anges sachent déjà ce dont vous avez besoin, ils n'interviennent pas sans votre permission. Pour cette raison, vous devrez demander à vos anges de vous apporter leur aide.

Les anges vous aideront dans n'importe quel domaine. Comme je l'ai mentionné précédemment, ils peuvent tout résoudre, de la question la plus anodine à la question la plus importante. Vous ne devez pas avoir peur de déranger les anges, puisque ce sont des êtres sans limites et capables d'aider simultanément tout le monde. N'imaginez pas que vous empêcherez vos anges de régler des questions plus urgentes. Rien n'est plus urgent pour eux que de vous aider.

Les anges disposent de temps, d'énergie et de ressources illimités. Leur honneur sacré consiste à vous aider de toutes les façons qui vous apportent la paix. Vous pouvez les appeler à l'aide aussi souvent que vous le désirez sans crainte de les épuiser. Ils aiment que vous fassiez appel à eux !

Il existe de nombreuses façons d'appeler vos anges à l'aide :

- **Dites-le :** présentez votre demande à haute voix, directement aux anges ou à Dieu (les résultats sont identiques, Dieu et les anges ne faisant qu'un).

- **Pensez-y :** demandez mentalement de l'aide à vos anges. Les anges entendent vos pensées avec un amour inconditionnel.

- **Écrivez-le :** ouvrez votre cœur à vos anges dans une lettre.

- **Visualisez-le :** visualisez une image mentale des anges qui vous entourent, de vos proches, de votre véhicule ou de la situation dont il est question.

- **Affirmez-le :** prononcez une affirmation de gratitude, en remerciant les anges de régler votre problème.

Les mots que vous utilisez sont sans importance, puisque les anges répondent à la «prière de votre cœur», qui se compose de vos véritables sentiments, désirs et questions. Les anges veulent seulement que vous fassiez la demande, en raison du libre arbitre. Ce n'est donc pas *la manière* dont vous demandez qui importe, mais *que* vous demandiez.

Remarque : Toutes les histoires relatées dans cet ouvrage sont véridiques; elles contiennent le nom réel des personnes concernées, sauf en cas de mention d'un astérisque (*), ce qui signifie que la personne a requis l'anonymat.

Chapitre Un

LE
ROYAUME
DES ANGES

Un nombre incalculable d'anges veulent vous aider, vous, moi et tous les gens, à vivre en paix. Comme les humains, les anges possèdent différentes spécialisations. Voici un bref guide qui vous orientera vers les divers types d'êtres célestes désireux de vous aider.

Les anges gardiens

Les anges qui se tiennent en permanence à nos côtés sont les anges gardiens. Ce sont des entités célestes non humaines directement envoyées par le Créateur. Il ne s'agit pas de nos proches décédés qui, tout en pouvant incontestablement agir comme des anges, reçoivent le nom de *guides spirituels*. Nos amis et les membres de notre famille disparus, comme tous les êtres vivants ou décédés, possèdent un ego. Même s'ils sont bien intentionnés, leur assistance n'est pas aussi pure et digne de foi que celle des anges gardiens, qui restent auprès de nous de notre naissance jusqu'à notre mort physique.

Quoi que nous fassions dans la vie, nos anges ne nous quitteront jamais. Les anges gardiens sont nos protecteurs et nos guides, ils font en sorte que nous soyons en sécurité, heureux, en santé et que nous menions à bien notre mission dans la vie. Nous devons toutefois agir en équipe avec nos anges gardiens pour réaliser ces objectifs. Cela signifie leur demander leur aide et ensuite recevoir l'aide qu'ils nous donnent.

Clairvoyante depuis ma naissance, je n'ai jamais vu de personnes qui n'aient au moins deux anges gardiens à leurs côtés. L'un est bruyant et hardi : il s'assure que nous travaillons dans la vie à notre plan divin ; l'autre est tranquille et sert à nous réconforter et à nous apaiser. Mais tout le monde n'entend pas distinctement ses anges. Si chacun les entendait vraiment, la paix régnerait partout dans le monde !

Vous pouvez avoir *plus* de deux anges gardiens, et il est bénéfique d'être entouré d'autres anges. Ils agissent comme les douves d'un château, en vous protégeant de la négativité. Plus vous avez d'anges auprès de vous, plus vous ressentez fortement leur protection et leur amour divin. Il est également plus facile d'entendre tout le chœur des anges que la voix d'un ou deux d'entre eux.

Invoquez d'autres anges en demandant à Dieu de vous les envoyer, en le leur demandant directement, ou en vous visualisant entouré de plusieurs anges. Vous pouvez en demander autant que vous voulez.

Certaines personnes ont plus d'anges gardiens, parce qu'un parent ou un bon ami a prié pour qu'elles soient entourées de nombreux anges. Les personnes qui ont vécu une expérience de proximité de la mort ont des anges supplémentaires pour les aider à se réadapter à la vie après leur expérience dans l'au-delà.

Chaque fois que Dieu a une pensée d'amour, un nouvel ange est créé. Cela signifie qu'il existe un nombre infini d'anges pour chacun.

Archanges

Les *archanges* sont les chefs qui surveillent nos anges gardiens. Ils représentent un seul des neuf chœurs d'anges (qui comprennent les anges, les archanges, les principautés, les puissances, les vertus, les dominations, les trônes, les chérubins et les séraphins). De ces formes d'anges, les anges gardiens et les archanges sont les plus concernés pour ce qui est d'aider la terre et ses habitants.

Par rapport aux anges gardiens, les archanges sont très grands, hardis et puissants, tout en étant extrêmement aimants et dépourvus d'ego. En tant qu'êtres célestes immatériels, ils n'ont pas de sexe, toutefois leurs caractéristiques et leur côté fort particulier leur donnent une énergie et une persona masculines et féminines distinctes.

La Bible identifie les archanges Michael et Gabriel. Certaines versions de la Bible citent également les archanges Raphaël et Uriel. Les anciens textes juifs étendent leur liste à quinze archanges.

Dans la liste qui suit, vous remarquerez que le nom de tous les archanges sauf deux se termine par le suffixe « el », ce qui signifie en hébreu « appartenant à Dieu » ou « issu de Dieu ». Les deux exceptions sont des prophètes bibliques, dont la vie a été tellement exemplaire qu'ils sont montés au royaume des archanges après leur vie humaine.

Ces archanges sont parfois connus sous des noms différents, mais voici leur nom le plus courant, ainsi que leur spécialité, leurs caractéristiques et, brièvement, leur histoire.

Ariel signifie la « lionne de Dieu ». Elle nous aide à pourvoir à nos besoins matériels (notamment à l'argent, au logement et à l'alimentation). Ariel apporte aussi son aide dans des causes environnementales ; elle contribue à prendre soin des animaux et à les guérir. Elle collabore avec l'archange Raphaël (qui, lui aussi, guérit et aide les animaux) et avec le royaume des anges appelé les *trônes*. Traditionnellement, elle est associée au roi Salomon et aux gnostiques, qui croyaient qu'Ariel régnait sur les vents.

Azrael se traduit par « celui que Dieu aide ». Il aide les âmes des disparus à gagner le ciel, guérit les personnes éprouvées par le deuil et soutient également celles qui consolent les personnes endeuillées. Considéré comme « l'ange de la mort » dans la tradition hébraïque et islamique, Azrael est associé à l'archange Raphaël et au roi Salomon.

Gabriel, dont le nom signifie « messager de Dieu », aide les messagers, notamment les écrivains, les enseignants et les journalistes. Gabriel aide également les parents dans l'éducation, la conception et l'adoption des enfants.

Certaines religions considèrent Gabriel comme une persona masculine, tandis que d'autres le perçoivent comme féminine. Comme le décrit le livre de Luc, Gabriel a annoncé à Zacharie et à Marie la naissance prochaine de Jean-Baptiste et de Jésus. Dans l'Ancien Testament, Gabriel a sauvé Lot, le fils d'Abraham, de la destruction de Sodome. D'après Mahomet, c'est l'archange Gabriel qui lui a dicté le Coran.

Haniel signifie « gloire de Dieu ». Elle soigne les femmes pendant leur cycle menstruel et apporte son aide grâce à la clairvoyance. Elle est associée à la planète Vénus et à la Lune, et est l'un des dix archanges Séphiroth de la Kabbale. On porte au crédit d'Haniel le fait d'avoir accompagné le prophète Enoch au ciel.

Jeremiel se traduit par «clémence de Dieu». Il traite les émotions, en nous aidant à examiner et à faire l'inventaire de notre vie, pour que nous puissions pardonner; il nous aide aussi à prévoir des changements positifs. Les textes juifs anciens citent Jeremiel comme l'un des sept principaux archanges. Baruch, auteur juif prolifique de textes apocryphes du 1er siècle, ayant été aidé par Jeremiel, ce dernier passe pour contribuer aux visions prophétiques.

Jophiel signifie «beauté de Dieu». Elle traite les situations négatives et chaotiques; elle apporte la beauté et l'organisation dans nos pensées, nos maisons, nos bureaux et d'autres milieux, en éliminant la négativité de ces secteurs. Dans certaines traditions, on la nomme Iofiel ou

Sophiel. Jophiel est connue pour être la « patronne des artistes » et, dans la Torah, elle est celle qui veille au respect de la loi divine.

Métatron. Il était le prophète Enoch, qui est monté au ciel après une vie vertueuse consacrée au service saint. Métatron soigne les troubles de l'apprentissage et les problèmes de l'enfance ; il aide également les nouveaux enfants Indigo et Cristal. Dans la tradition juive ancienne, Métraton est non seulement un archange extrêmement important, mais il est aussi le chef des archanges Séphiroth de la Kabbale. Selon la Kabbale encore, Métatron a aidé Moïse à conduire l'exode des Juifs d'Égypte vers Israël. D'après le Talmud, Métatron veille sur les enfants du ciel, en plus d'aider les enfants de la Terre.

Michael. Son nom signifie qu'« il est l'image de Dieu ». Il supprime nos peurs et nos doutes, il nous protège et nous purifie de la négativité. Considéré en général comme le plus puissant des archanges, il est décrit dans la Bible et d'autres textes chrétiens, juifs et islamiques sacrés, comme celui qui accomplit des actes de protection héroïques. Michael est le saint patron des policiers, parce qu'il les protège et prête courage à ceux qui l'invoquent. Il surveille le royaume des anges connu sous le nom de *vertus*.

Raguel. Son nom signifie « ami de Dieu ». Il offre l'harmonie à toutes les relations et aide à guérir les mésententes. Le livre d'Enoch décrit Raguel comme le surveillant de tous les anges, qui s'assure que l'harmonie règne entre eux. On porte au crédit de Raguel le fait d'avoir accompagné le prophète Enoch dans son ascension et sa transformation en l'archange Métatron.

Raphaël. Son nom signifie « celui qui guérit ». Il guérit les malaises et guide les guérisseurs et les guérisseurs potentiels. Il est actuellement l'un des trois archanges proclamés saints (les autres étant Michael et Gabriel, même si autrefois sept archanges ont été canonisés). Dans le livre de

Tobie (ou Tobit) – livre canonique de la Bible –, Raphaël se décrit comme un serviteur à la gloire du Seigneur. On croit qu'il est l'un des trois archanges qui ont rendu visite au patriarche Abraham. Étant donné qu'il a aidé Tobias dans son voyage, Raphaël est considéré comme le saint patron des voyageurs. Mais son rôle principal consiste à guérir, et à aider les guérisseurs.

Raziel. Son nom signifie « secrets de Dieu ». Il guérit les blocages spirituels et psychiques et nous aide à interpréter nos rêves et à nous souvenir de nos vies antérieures. Selon la tradition juive ancienne, Raziel est assis tellement près de Dieu qu'il peut entendre tous les secrets de l'Univers, qu'il a consignés dans un livre intitulé *Sefer Raziel* (ce qui se traduit en français par *Le livre de l'ange Raziel*). Dans la légende, Raziel a offert ce livre à Adam au moment où il quittait le paradis terrestre, et à Noé alors qu'il construisait son arche. La Kabbale décrit Raziel comme l'incarnation de la sagesse divine.

Samuel signifie «celui qui voit Dieu». Il dissipe l'anxiété, apporte la paix générale et personnelle, et aide à retrouver ce qui est perdu (objets, situations et personnes). Il est considéré comme le chef du royaume des anges connu sous le nom de *puissances*. Samuel est l'un des dix archanges Séphiroth de la Kabbale; il gouverne donc une des voies de l'arbre de vie de la Kabbale (explication mystique de la création).

Sandalphon. Il a été le prophète Elijah, qui est monté au ciel et est devenu l'archange Sandalphon. Il répond à de nombreux objectifs, notamment d'aider les gens à guérir de leurs tendances agressives et de transmettre nos prières au Créateur. En outre, Sandalphon aide les musiciens, en particulier ceux qui utilisent la musique à des fins de guérison. Étant donné qu'il est l'un des deux humains à avoir obtenu le statut d'archange, Sandalphon est considéré comme le frère jumeau de Métatron (qui était le prophète Enoch). Dans la tradition hébraïque ancienne, on parle de la grande stature de Sandalphon et il est dit que Moïse l'appelait le *grand ange*.

Uriel. Son nom signifie «lumière de Dieu». Ange de la sagesse et de la philosophie, il illumine notre esprit grâce à l'intuition et à de nouvelles idées. Dans les textes sacrés hébreux, les rôles d'Uriel sont divers et vastes. En tant qu'ange de la lumière, il est souvent associé au royaume angélique des *séraphins* illuminés, qui, des neuf chœurs d'anges, est celui qui est le plus proche de Dieu. On croit qu'Uriel est l'ange qui a averti Noé de l'inondation imminente. Uriel est habituellement reconnu comme l'un des quatre principaux archanges, avec Michael, Gabriel et Raphaël.

Zadkiel (ou Tsadkiel). Son nom signifie «droiture de Dieu». Il guérit les problèmes de mémoire et apporte son aide aux autres fonctions mentales. Nombre d'érudits pensent que Zadkiel est l'ange qui a empêché Abraham de sacrifier son fils Isaac. La Kabbale décrit Zadkiel comme un chef adjoint qui aide Michael à nous protéger et à nous éloigner des énergies inférieures.

Les archanges ne sont pas liés à une confession, vous n'avez donc pas à appartenir à une religion en particulier pour attirer leur attention et obtenir leur aide. Les archanges étant des êtres immatériels sans limites, ils peuvent aider simultanément quiconque les appelle. Les archanges répondront à vos demandes, que vous les leur présentiez de vive voix, mentalement ou par écrit. Vous pouvez même demander aux archanges de se tenir près de vous en permanence, et ils seront très heureux de le faire.

À quoi ressemblent les anges ?

Je me suis souvent fait poser cette question. Lorsque j'étais enfant, je voyais essentiellement les anges sous forme de lumière scintillante et colorée. En grandissant, ma vue s'est précisée, et j'ai vu leur forme. Maintenant, je vois les anges autour de chacun de nous, partout où je vais. Ils sont éblouissants et d'une rare beauté.

Les anges sont translucides et semi-opaques. Ils n'ont pas de peau ; leur corps, leurs yeux ou leurs cheveux ne présentent, par conséquent, aucune couleur associée à une race. Ils scintillent en différentes couleurs, en fonction de leur énergie. Leurs vêtements ressemblent à une parure de mousseline opalescente.

Les anges ont de grandes ailes ressemblant à celles des cygnes, bien que je n'en aie jamais vu qui battaient des ailes pour voler. Les anges m'ont enseigné que les artistes qui, à l'origine, les peignaient prenaient par erreur leur aura brillante pour un halo et des ailes; c'est pour cela qu'ils les ont peints de cette façon. Maintenant, nous nous attendons à ce que les anges ressemblent à ceux de ces peintures, c'est pourquoi ils nous apparaissent souvent comme des êtres ailés.

Les anges viennent sous toutes les formes et toutes les tailles, tout à fait comme les gens. Les archanges sont les plus grands et les plus forts des anges, ce qui n'est pas étonnant. Les chérubins ressemblent à de petits bébés porteurs d'ailes. Les anges gardiens nous apparaissent comme ayant une taille approximative d'un mètre à un mètre vingt (trois à quatre pieds).

Les anges se tiennent sur une longueur d'onde de fréquence plus élevée que la nôtre. Nous pouvons comparer avec les stations de télévision ou de radio qui sont en parallèle, mais sur différentes largeurs de bande – les anges vivent près de nous à un niveau énergétique que nous pouvons sentir, et que plusieurs d'entre nous peuvent voir et entendre. Que vous puissiez sentir la présence de vos anges juste maintenant ou non, vous pouvez de toute façon communiquer avec eux et recevoir immédiatement leur aide, comme vous allez le voir dans le chapitre suivant.

Chapitre Deux

ENTRER EN
COMMUNICATION
AVEC VOS
ANGES

ès que vous aurez demandé de l'aide à vos anges, ils vont immédiatement travailler en votre nom. Ils exécuteront une ou plusieurs des tâches suivantes :

- Ils interviendront directement, et rendront vos désirs manifestes, juste au bon moment.

- Ils vous enverront un signe indiquant qu'ils sont avec vous.

- Ils vous inspireront et vous donneront les instructions nécessaires afin

que vous puissiez prendre les mesures nécessaires pour créer, avec leur
aide, la réponse à vos prières.

Des conseils et des directives sont les manières
les plus courantes par lesquelles les anges répondent à nos prières. Ce processus s'appelle *inspiration divine.* Lorsque vous recevez ces conseils,
vous devez prendre les mesures nécessaires pour
que vos prières soient entendues. De nombreuses personnes, croyant qu'elles n'ont pas reçu de
réponse à leurs prières, ignorent l'information
qu'elles ont reçue.

L'inspiration divine est répétitive, affectueuse
et réconfortante ; elle nous donne un sentiment
d'élévation spirituelle et nous incite toujours
à améliorer une situation. Elle peut venir sous
l'une des quatre formes suivantes (ou sous une
forme combinée) :

1. Physique ou émotionnelle. Vous avez
une conviction viscérale, des picotements, la
chair de poule, une intuition, ou encore vous
ressentez la présence d'un ange auprès de vous.
Ces sentiments vous guident vers la réalisation
de changements positifs. Cette réalité se nomme
clairsentience, qui signifie « sentiment clair ».

Ceux qui reçoivent leur orientation divine par l'intermédiaire de sentiments ont tendance à être extrêmement sensibles à l'énergie, aux sentiments des autres et aux produits chimiques. Si cet état de fait s'applique à vous, vous devez choisir avec discernement qui vous fréquentez et comment vous passez votre temps, étant donné que vous êtes affecté plus profondément que la moyenne des gens.

Une des façons de faire face à cette sensibilité consiste à se protéger et à se purifier. *Se protéger* signifie « prier pour obtenir une protection spirituelle » ou « visualiser une lumière protectrice autour de soi ». *Se purifier,* c'est demander aux anges d'éliminer toute la négativité éventuellement absorbée au cours de la journée.

Après avoir demandé à vos anges des réponses ou de l'aide, soyez attentif à vos sentiments répétitifs ou forts. Respectez ces sentiments et évitez de dire : « Oh, ce n'est qu'un sentiment ». La façon première dont Dieu et les anges nous parlent, c'est par nos sentiments. L'inspiration divine véritable donne le sentiment d'être en sécurité et aimé.

Suivez tous les sentiments qui vous guident vers des changements positifs, même s'ils vous semblent illogiques ou sans rapport avec votre

prière. Si vous n'êtes pas certain que vos sentiments représentent une véritable inspiration,
demandez à vos anges des signes vous permet-
tant de les valider.

2. Visions et rêves. Vous visualisez une
image dans votre esprit, vous recevez très clairement une visite dans un rêve ou à l'état de veille,
vous observez des lumières étincelantes ou qui
clignotent, ou encore vous voyez mentalement
des films qui vous donnent de l'information.
Cela s'appelle *clairvoyance*, qui signifie « vision
claire ».

Ceux qui reçoivent visuellement leur inspiration divine ont tendance, dans le monde
matériel, à être très sensibles à la lumière, aux
couleurs et à la beauté. Si vous êtes guidé visuellement, c'est dans des expressions artistiques et
créatives que vous vous sentez le mieux. Vous
pouvez visualiser vos désirs en train de se manifester, ce qui vous aidera à réussir dans de nombreux domaines.

De nombreuses personnes pensent fausse-
ment que clairvoyance signifie « voir les anges
comme des êtres opaques en trois dimensions, en
ayant les yeux ouverts ». Même si cela se produit
à l'occasion, la plupart des clairvoyants voient

les anges sous forme d'images éthérées mobiles, par les yeux de l'esprit. Ces images mentales sont tout aussi valables que ce que vous pourriez voir à l'extérieur.

Après avoir demandé de l'aide à vos anges, soyez attentif à toutes les images qui vous viennent à l'esprit, ou à tous les signes que vous percevez avec vos yeux physiques. Si vous avez une vision d'un «rêve devenant réalité», demandez à vos anges de vous guider une étape à la fois vers sa réalisation.

3. Connaissance. Vous savez des choses sans bonne raison, comme si Dieu vous avait transféré de l'information; vous dites ou vous écrivez avec une sagesse dépassant vos connaissances présentes; vous savez réparer un objet sans devoir lire les instructions. Cela s'appelle la *clairconnaissance,* qui signifie «connaissance claire».

Ceux qui reçoivent leur inspiration divine par l'intermédiaire de «mots qui ne sont pas prononcés» ont tendance à être très intellectuels et analytiques. Si vous pensez être orienté, les réponses à vos prières viendront sous forme d'idées brillantes qui vous incitent à entreprendre une activité, à inventer quelque chose, à écrire un livre, et ainsi de suite. Vous êtes un communicateur naturel plein de sagesse indépendamment de votre âge. Lorsque vous recevez des révélations et des idées, évitez l'erreur de penser qu'il s'agit d'une connaissance commune ou de quelque chose que tout le monde sait. Soyez convaincu que vous pouvez éveiller ces dons divins et faire en sorte qu'ils portent fruit. Vous pouvez demander aux anges de vous fournir les instructions et la confiance nécessaires pour les réaliser.

4. Mots et sons. Vous vous entendez appeler par votre nom en vous réveillant, vous entendez les accords d'une musique céleste, vous surprenez une conversation qui vous semble conçue pour vous, vous entendez dans votre oreille un son aigu ou, dans votre tête ou à la radio, un chant, qui est porteur d'un sens particulier. Cela s'appelle la *clairaudience,* qui signifie « ouïe claire ».

Ceux qui reçoivent leur inspiration divine sous forme de mots sont très sensibles aux bruits et aux sons. Si vous êtes auditif, vous entendrez réellement une voix dans votre tête ou juste à l'extérieur de votre oreille. Les anges utilisent toujours des mots positifs et qui vous élèvent spirituellement; vous avez l'impression que quelqu'un vous parle.

Vous pouvez également entendre un son aigu tinter dans une oreille, cela correspond à la façon dont les anges vous transmettent l'information et l'énergie nécessaires. Si la sonnerie vous dérange, demandez aux anges de baisser le volume.

Lorsque vous entendez des messages par lesquels il vous est demandé d'entreprendre une action positive, il est important de les écouter. Dans une situation d'urgence, les anges parlent à voix haute et précise. En temps normal, leur voix est plus douce, ce qui exige de vous un esprit et un environnement calmes. Au fur et à mesure que vous vous sensibiliserez au doux son des anges, vous souhaiterez protéger vos oreilles des bruits violents.

Exemples d'inspiration divine

Que les anges nous parlent par l'intermédiaire de sentiments, de mots, de visions ou de pensées, leurs messages sont toujours porteurs de spiritualité, d'amour et d'inspiration. Les anges ressemblent à des contrôleurs aériens qui peuvent voir devant, derrière et de chaque côté de nous. En d'autres termes, ils perçoivent mieux que nous la manière dont nos actions actuelles influeront sur notre avenir. Par conséquent, si les anges vous conseillent d'effectuer une action qui vous paraît sans rapport avec vos prières, c'est parce qu'ils peuvent voir comment celle-ci profitera à votre avenir.

Voici quelques exemples de sujets abordés par l'inspiration divine, et fréquemment transmis par les anges :

- **Santé et mode de vie** : améliorer votre alimentation ; vous désintoxiquer ; faire plus d'exercices ou des exercices différents ; passer plus de temps à l'extérieur, dans la nature.

- **Spiritualité** : méditer davantage ; faire du yoga ; calmer votre esprit, votre corps et votre foyer.

- **Carrière et finances** : réaliser votre passion ; éliminer vos craintes financières ; diminuer le stress lié au travail.

- **Émotions** : laisser vos soucis de côté; vous pardonner à vous-même et aux autres; éliminer la procrastination.

Rappel

Selon un vieil adage, «les personnes qui écrivent des lettres sont celles qui reçoivent le plus de courrier». Eh bien, il en va de même avec les anges. Si vous voulez recevoir plus souvent des nouvelles de vos anges, vous devez plus souvent parler avec eux.

Partagez avec eux vos rêves, vos déceptions, vos craintes, vos soucis, vos préoccupations et vos joies. Dites-leur tout. Interrogez-les sur *toute chose,* étant donné que les anges veulent vous aider dans tous les secteurs de votre vie.

Votre relation avec vos anges gardiens s'approfondira au fur et à mesure que vous leur parlerez. Une façon d'apprendre à mieux connaître vos anges, c'est de leur demander leur nom. Pensez simplement ou exprimez votre demande : «Anges, dites-moi votre nom», puis soyez attentif au mot qui vous vient sous forme de pensée, de son, de sentiment ou de vision. Il est préférable d'inscrire ces noms afin de vous en souvenir (certains d'entre eux peuvent vous paraître inhabituels). Si vous ne recevez aucun nom, cela signifie en général que vous essayez trop fortement d'entendre. Attendez d'être détendu, et demandez de nouveau.

La fois suivante, dites à vos anges : « Envoyez-moi des signes dans le monde matériel que je puisse remarquer facilement, pour m'aider à attester que j'ai bien entendu vos noms. » Ensuite, vous serez attentif aux noms que vous avez reçus chez les personnes que vous rencontrez, dans les conversations que vous entendez, et ainsi de suite.

Exercez-vous à poser des questions à vos anges et à écouter leurs réponses. Par la suite, vous apprendrez à distinguer instantanément la voix des anges de celle de votre ego (la partie redoutable de l'être). Cela s'apparente au fait de décrocher le téléphone et de savoir immédiatement s'il s'agit d'un proche ou d'un solliciteur. Avec la pratique, vous apprendrez à faire confiance aux conseils et aux directives des anges et à vous appuyer sur eux, puisque vous obtiendrez du succès en suivant leurs affectueux conseils.

Conseils visant une clarté accrue

Vous pouvez demander à vos anges de vous aider à mieux les entendre, ou à comprendre la signification de leurs messages les plus sibyllins. Voici d'autres manières d'accroître la clarté de la communication divine avec vos anges :

– **Respirez.** Lorsque nous sommes stressés, nous retenons souvent notre souffle. Cela nous empêche d'entendre les messages qui pourraient diminuer notre stress. Alors, n'oubliez pas de respirer profondément lorsque vous parlez avec vos anges. D'après ce que les anges m'ont dit, leurs messages sont transportés sur des molécules d'oxygène ; par conséquent, plus nous respirons de l'air frais, plus les messages semblent prononcés fortement. C'est pour cette raison que nous entendons plus facilement nos anges lorsque nous sommes dehors dans la nature ou à proximité de sources d'eau (y compris votre douche ou votre baignoire).

– **Détendez-vous.** Si vous essayez trop fortement, vous empêchez une communication divine claire. Vous ne devez pas trop vous efforcer d'entendre vos anges, puisqu'ils sont plus motivés à communiquer avec vous que vous avec eux.

Au contraire, détendez votre corps au moyen de votre respiration. Soyez réceptif et demandez à vos anges de vous aider à relâcher chaque tension de votre esprit ou de votre corps.

– Suivez leurs conseils ou leurs directives. Si vos anges vous demandent d'améliorer votre alimentation, c'est probablement parce qu'ils savent que les aliments transformés et les produits chimiques génèrent des parasites sur les lignes de la communication divine. Vos anges sont les maîtres les mieux à même de vous orienter vers la façon optimale d'entendre leur voix. Demandez-leur de l'aide à cet égard, puis suivez leurs conseils, quels qu'ils soient.

– Demandez-leur des signes. Si vous n'êtes pas certain d'entendre vraiment vos anges, demandez-leur de vous donner un signe. Il est préférable de ne pas préciser quel type de signe vous désirez. Permettez à la créativité infinie des anges de trouver le bon signe, que vous reconnaîtrez facilement. Vous serez charmé par l'humour affectueux dont les anges font preuve dans leurs signes, comme vous allez le voir dans le chapitre suivant.

SIGNES
DES
ANGES

*L*es anges nous donnent des signes pour que nous sachions qu'eux-mêmes et leurs messages sont réels. Tout ce que vous voyez ou entendez dans le monde matériel au moins trois fois, ou que vous recevez de façon très inhabituelle, peut être un signe. Par exemple, si vous entendez le même titre de livre en provenance de trois sources différentes ou plus, vos anges vous recommandent probablement de lire ce livre.

Par ailleurs, les anges laissent des plumes dans des lieux inhabituels, comme signe de leur présence, probablement parce que nous associons les plumes aux ailes des anges. Dans les deux histoires suivantes, les anges ont laissé des plumes comme signe pour rassurer les personnes inquiètes quant à l'aboutissement positif d'une situation stressante.

Lorsque Jerry, le chat de Sandra, est tombé malade, elle l'a amené à l'hôpital vétérinaire. La santé de Jerry a empiré et il est tombé dans le coma. Mais Sandra ne voulait pas renoncer à son chat bien-aimé, elle a donc demandé de l'aide aux anges. Alors qu'elle sortait pour aller rendre visite à Jerry, Sandra a trouvé une plume blanche sous le porche devant sa maison. Elle a pris cette plume pour un signe positif, à savoir que les anges allaient aider son chat à se rétablir.

Au cours de la semaine suivante, chaque fois que Sandra et son mari quittaient leur maison pour aller voir Jerry à l'hôpital, ils trouvaient une nouvelle plume blanche sous le porche. Sandra posa sur une photo de Jerry les huit plumes qu'elle avait ramassées et continua à prier Dieu et les anges pour qu'ils guérissent son chat bien-aimé. Finalement, Jerry se rétablit suffisamment pour rentrer à la maison. Ces six dernières années, sa santé a été excellente, en fait à partir du moment où les anges, au moyen de plumes, ont informé Sandra que tout rentrerait dans l'ordre.

Comme Sandra, Kathryn a reçu tellement de plumes qu'elle savait que son problème se résoudrait.

Kathryn était en conflit avec une amie, et elle envisageait de mettre fin à la relation ; elle a alors demandé conseil aux anges. Alors que Kathryn était assise dans l'arrière-cour de sa maison en train de se lamenter sur la situation, une plume a voleté juste derrière elle. Elle a pris cette plume comme un signe que les anges travaillaient à sa relation, et qu'elle ne devait rien à faire pour le moment.

Le même après-midi, alors qu'elle allait chercher ses enfants à l'école, Kathryn a de nouveau demandé aux anges un signe pour savoir si sa relation se rétablirait. Elle a regardé par terre et a vu une plume, puis une autre. Jusqu'à son arrivée à destination, Kathryn a ramassé 35 plumes, ce qu'elle a considéré comme un signe très positif. Je puis vous assurer que Kathryn et son amie ont réglé leur différend et qu'elles vivent maintenant très proches l'une de l'autre.

Voici un autre signe courant : voir des nuages en forme d'anges, comme le décrit l'histoire suivante.

Alors qu'elle voyageait en ambulance pour aller subir d'urgence une opération cardiaque, Mary avait naturellement peur. Elle priait pour obtenir de l'aide ; comme elle regardait par la fenêtre arrière de l'ambulance, Mary remarqua un nuage qui avait la forme exacte d'un ange agenouillé en prière. Elle comprit immédiatement que tout irait bien. Elle se souvint de cette vision pendant toute l'opération et le processus de guérison, en étant totalement convaincue que les anges veillaient sur elle. En effet ! Mary est maintenant guérie et très reconnaissante du signe rassurant que les anges lui ont envoyé.

Parfois, nous recevons des signes sous forme de parfum, plutôt que sous forme visible ou audible. De nombreuses personnes affirment sentir un parfum, des fleurs ou une fumée, lorsque les anges se trouvent à proximité. En voici un exemple :

Kathleen voulait désespérément vendre sa maison pour aller vivre près de sa fille, qui attendait son premier enfant en août. Un soir que des acheteurs avaient renoncé à acheter sa maison et qu'elle se sentait frustrée, Kathleen s'était assise dans sa cuisine et pleurait. Tout à coup, sa cuisine se remplit entièrement d'un parfum de rose. Elle ne comprit pas ce qui se passait, mais une amie lui expliqua que c'était un signe courant des anges, qui l'informait que tout irait bien. En effet, cela *s'arrangea* : la maison de Kathleen fut rapidement vendue.

Ensuite, Kathleen eut besoin de l'aide des anges afin de trouver un nouveau logement pour vivre près de sa fille. Une fois de plus, les anges vinrent à son aide et la guidèrent vers une superbe maison à bon prix. Kathleen comprit que c'était la bonne maison lorsqu'elle vit un magnifique rosier devant la maison. Elle se souvient : « Parmi tous les autres, un rosier rouge vif ressortait, et j'ai su que j'étais arrivée à la maison. »

Lumières angéliques

Quelque 50% de mes lecteurs et auditeurs dans le monde entier déclarent voir par leurs yeux physiques des éclairs de lumière. Ces lumières ressemblent au flash d'un appareil-photo ou à des étincelles chatoyantes. Parfois ce sont des lumières blanches et d'autres fois des ombres pourpres, bleues, vertes ou autres, brillantes comme des joyaux. Plusieurs personnes m'ont confié qu'elles avaient fait examiner leurs yeux : elles s'inquiétaient de ce que leurs visions de lumières scintillantes soient anormales. Mais, selon leur ophtalmologue, leurs yeux étaient en parfaite santé.

Ces lumières n'étaient donc pas d'origine matérielle. Je nomme ce phénomène *lumières angéliques* ou *sillage des anges.* Lorsque vous voyez ces lumières, vous voyez la friction ou l'énergie des anges qui se déplacent dans la pièce. Cela s'apparente un peu au fait de voir des étincelles s'échapper d'une voiture en déplacement rapide.

Les lumières blanches proviennent de nos anges gardiens et les lumières colorées, des archanges. Voici une liste pour vous aider à savoir quels sont les archanges que vous rencontrez lorsque vous voyez des flashs ou des étincelles de lumière :

- **Arc-en-ciel** : Raziel, qui guérit les blocages spirituels et psychiques et nous enseigne des secrets ésotériques ;

- **Beige** : Azrael, l'archange qui nous aide à guérir d'un deuil ;

- **Bleu** (foncé) : Zadkiel, l'archange qui nous aide à améliorer notre mémoire et notre fonctionnement mental ;

- **Bleu** (pâle, presque blanc) : Haniel, qui aide les femmes relativement à leur santé féminine et contribue à la clairvoyance ;

- **Bleu** (turquoise) : Raguel, qui nous apporte son aide dans les relations ;

- **Jaune** (foncé) : Gabriel, qui aide les messagers et les parents ;

- **Jaune** (pâle) : Uriel, l'archange de la sagesse ;

- **Pourpre** (clair, presque bleu cobalt) : Michael, qui nous donne courage et protection ;

- **Rose** (fuchsia clair) : Jophiel, qui nous aide à embellir nos pensées et notre vie ;

- **Rose** (pâle) : Ariel, qui aide les animaux, la nature et la manifestation ;

- **Turquoise** : Sandalphon, l'archange de la musique

- **Vert (émeraude clair)** : Raphaël, l'archange guérisseur ;

- **Vert** (pâle) : Samuel, l'archange de la paix, qui nous aide à trouver ce que nous cherchons ;

- **Vert et rose foncé** : Métatron, qui aide les enfants à garder leurs dons spirituels et leur confiance en soi ;

- **Violet** (pourpre rougeâtre) : Jeremiel, qui nous aide à guérir nos émotions.

Les nombres des anges

Voici une autre manière dont les anges nous parlent : ils nous montrent des séquences numériques. N'avez-vous jamais remarqué que lorsque vous regardez une montre, une plaque d'immatriculation ou un numéro de téléphone vous voyez les mêmes numéros de façon répétée ? Il ne s'agit pas d'une coïncidence, mais plutôt d'un message de l'au-delà.

Depuis l'époque de Pythagore (philosophe grec renommé), nous savons que les chiffres sont porteurs de puissantes vibrations. Les instruments de musique et les ordinateurs s'appuient sur des formules mathématiques, et les messages numériques des anges sont tout aussi précis.

Le sens fondamental des chiffres qui figurent ci-après est le suivant :

0 : C'est un message d'amour du Créateur.

1 : Observez vos pensées et ne pensez qu'à vos désirs plutôt qu'à vos peurs, étant donné que vous attirerez ce à quoi vous pensez.

2 : Gardez confiance et ne renoncez pas à l'espoir.

3 : Jésus ou d'autres maîtres ascensionnés se tiennent auprès de vous pour vous aider.

4 : Les anges vous aident dans la situation présente.

5 : Un changement positif est en train de vous arriver.

6 : Abandonnez totalement vos peurs du monde physique ou matériel pour Dieu et les anges. Équilibrez vos pensées entre le monde matériel et le monde spirituel.

7 : Vous êtes sur la bonne voie, persévérez !

8 : L'abondance s'approche de vous maintenant.

9 : Commencez à travailler au but de votre vie sans attendre.

Lorsque vous remarquez une combinaison de chiffres, «ajoutez» simplement les unes aux autres les significations mentionnées plus haut. Par exemple, si vous voyez 428, cela signifiera : «les anges sont avec vous, gardez confiance, l'abondance s'approche de vous maintenant».

(Pour plus de précisions, consultez mon ouvrage intitulé *Les nombres des anges*).

Les anges nous parlent de différentes façons créatives, c'est pourquoi si vous avez l'impression que vous êtes en train de recevoir un message d'un ange, c'est probablement la réalité. Demandez à vos anges de vous aider à reconnaître leurs signes et leurs messages, et vous commencerez à les remarquer tout autour de vous. Plus vous remarquez ces anges et suivez leurs signes de façon réussie, plus vous aurez confiance dans les anges et en vous-même.

Chapitre Quatre

PROTECTION
DES
ANGES

C'est une bonne idée d'appeler vos anges gardiens, de même que l'archange Michael, pour vous protéger lorsque vous conduisez. Je vous recommande aussi de visualiser votre voiture entourée de lumière blanche, qui est l'essence énergétique des anges. Lorsque la circulation est intense, demandez aux anges de protéger les autres voitures qui roulent autour de vous.

Les anges protégeront vos proches lorsqu'ils seront sur la route, même si vous ne les accompagnez pas. Demandez-leur simplement l'aide particulière dont vous avez besoin, et ils seront heureux de vous l'offrir.

Avant de commencer à conduire, demandez seulement aux anges de veiller sur vous et sur les autres conducteurs, de protéger chacun d'entre vous et de vous assurer un voyage sécuritaire et agréable. Si vous oubliez de le faire, vous pouvez le leur demander à n'importe quel moment de votre voyage. J'ai déjà parlé avec des personnes qui ont appelé les anges au milieu d'une collision, avec des résultats miraculeux.

Étant donné que les anges sont au-dessus et au-delà du monde matériel, ils peuvent intervenir de façon mystérieuse, comme l'a découvert Doris :

Doris roulait à environ 80 km/heure (50 milles à l'heure) sur un long pont lorsque le capot de sa voiture s'ouvrit, lui obstruant complètement la vue. Elle sentit sa voiture faire une embardée et s'arrêter sur le remblai à deux doigts de l'eau profonde. D'autres conducteurs s'arrêtèrent pour aider Doris et ils lui demandèrent si ça allait. Puis ils lui demandèrent comment allait son passager.

Doris expliqua qu'elle n'avait pas de passager, qu'elle roulait seule. Les douze témoins de l'accident affirmèrent avoir vu une autre personne à l'avant de la voiture. Ils s'imaginèrent que Doris délirait à cause du choc et vinrent regarder la personne assise sur le siège du passager.

Stupéfaite, Doris pensa : « Était-ce mon ange gardien ? J'ai eu l'impression que ma voiture était soulevée et reposée sur le sol sans une bosse ni une égratignure, et je n'ai pas été blessée. »

L'histoire de Doris est extrêmement intéressante en raison du témoignage de douze personnes quant à la présence d'un passager dans la voiture, quelqu'un dont Doris conclut qu'il devait s'agir de son ange gardien. J'ai reçu de nombreux récits de personnes qui racontent que leur voiture a défié les lois de la pesanteur de façon inexplicable. Après avoir entendu tellement d'histoires semblables, je crois que la seule explication est que les anges sont capables de déplacer les voitures pour les mettre hors de danger. Voici un autre exemple :

Estelliane conduisait sous une pluie torrentielle, lorsqu'un semi-remorque vint s'écraser sur la portière du conducteur. Elle aperçut un ange d'argent se

découper dans son rétroviseur et prononça une prière. Soudain, Estelliane sentit sa voiture se soulever dans l'air, puis
délicatement atterrir sur l'accotement de
la route. Fait marquant, Estelliane et son
passager n'ont eu aucune blessure et la
voiture était en état de marche.

Elle raconte : « La voiture a fait quelque chose d'impossible selon la loi de la
dynamique. J'ai été frappée latéralement,
la voiture aurait donc dû déraper et frap-
per les voitures qui se trouvaient devant
moi. Le petit ange suspendu au miroir
de la voiture a disparu, mais je sais que
les anges gardiens qui m'ont protégée ce
jour-là sont toujours à mes côtés. »

Parfois, les anges nous protègent d'accidents
en faisant en sorte que notre voiture ne fonc-
tionne pas. J'ai reçu de nombreuses histoires de
moteurs d'automobile qui se sont arrêtés juste à
temps pour éviter une collision. En voici une :

Donna se trouvait à une intersection à
trois voies et attendait que le feu passe au
vert. Lorsque le feu a changé, elle a senti
une force retirer son pied de la pédale

d'accélération. La voiture s'est immobilisée. À ce moment, un gros camion a traversé l'intersection, brûlant le feu rouge. Si Donna avait avancé, elle aurait été prise en écharpe. Donna raconte : « Je savais que la force qui a soulevé mon pied de l'accélérateur était un ange. J'ai été bouleversée, mais reconnaissante. »

Les anges peuvent temporairement immobiliser nos voitures pour aider à éviter un accident. Dans le prochain cas, les anges ont mis une voiture dans l'incapacité de rouler pendant la nuit, jusqu'à ce que son conducteur soit sobre.

Kathryn était en colère parce que son ami, Ben, insistait pour conduire, bien qu'il ait bu de l'alcool pendant toute la journée. Au moment d'entrer dans la voiture pour faire plus de 140 km (90 milles), Kathryn pria silencieusement pour obtenir une protection. Lorsque Ben tourna la clé, la voiture ne démarra pas : l'alternateur s'était rompu au moment même où Kathryn avait fait sa prière, de sorte que Ben fut dans l'incapacité de conduire et elle en fut reconnaissante.

J'ai également reçu de nombreuses histoires de personnes qui évoquaient le sentiment de deux mains invisibles leur venant en aide. Les mains les poussaient hors du danger, les tenaient fortement au moment où une voiture culbutait dans l'air, ou prenaient le contrôle en tournant le volant.

Jacqueline perdit le contrôle de sa voiture après avoir fait un brusque demi-tour. Son véhicule rebondit et un tonneau parut inévitable. Comme elle tentait désespérément de corriger la direction, une voix lui dit : « Lâche le volant ! »

Jacqueline pensa : « Si je lâche le volant, je vais m'écraser. » La voix répéta tendrement mais fermement son ordre. Jacqueline céda alors et retira ses mains du volant. Dix secondes après, la voiture cessa miraculeusement de déraper et s'arrêta sur le bord de la route.

Elle raconte : « C'était comme si quelqu'un avait pris le contrôle de ma voiture et avait conduit à ma place. La circulation était dense, mais pendant tout le temps où je rebondissais sur la route, aucune voiture ne me dépassa. Il était clair que mon ange avait retenu toutes les autres voitures, afin de nous garder sains et saufs. »

Assistance routière

Non seulement les anges nous protègent d'accidents, mais encore ils nous aident en cours de route. Je reçois fréquemment des histoires de personnes qui ont réussi à conduire pendant des kilomètres avec le réservoir vide ou un pneu crevé, grâce aux anges. Par ailleurs, des personnes me racontent que les anges les aident à arriver à temps à un rendez-vous ou à l'aéroport sans excès de vitesse. Les anges peuvent faire en sorte que les feux de circulation deviennent verts et que vous trouviez de bonnes places de stationnement... il suffit de le leur demander !

Brenda revenait à la maison en voiture tard dans la nuit, sous une pluie battante. Elle pouvait à peine distinguer ses phares, encore moins la route. Elle craignait pour sa sécurité, mais ne voyait pas suffisamment bien pour quitter la route ou trouver une voie d'arrêt. À voix haute, elle pria les anges de lui donner assez de lumière pour rentrer saine et sauve à la maison.

Brenda explique ce qui se passa ensuite : « Tout d'un coup, j'ai vu une lumière brillante qui descendait du ciel. » Malgré la pluie qui continuait de tomber, la lumière illuminait sa route et elle n'avait aucun problème à conduire. Après trente minutes, la lumière commença à diminuer. Brenda redemanda alors aux anges d'augmenter la lumière.

Elle raconte : « En réponse, la lumière brillante revint et demeura jusqu'à ce que la pluie cesse enfin de tomber et que je n'en eus plus besoin. » Pendant tout le parcours du retour, Brenda répéta continuellement aux anges « merci ». Cette expérience motiva Brenda à intégrer plus complètement les anges à sa vie.

Les anges peuvent faire en sorte que votre voiture continue de rouler, même si cela semble impossible, notamment lorsque vous avez votre réservoir à essence vide, un pneu plat ou que le véhicule présente des problèmes mécaniques. Bien sûr, les anges ne vous demanderaient jamais de conduire dans des conditions dangereuses. Ils répareraient votre voiture, ou encore vous dirigeraient vers une station-service ou chez un mécanicien compétent susceptible de vous aider.

Barbara conduisait sur une route verglacée lorsqu'une autre voiture dérapa vers l'avant de sa voiture. Après avoir rempli le rapport de police, elle prononça une prière pour remercier les anges de n'avoir pas été blessée, et elle leur demanda de l'aider à mener sa voiture jusqu'à une station-service qu'elle connaissait bien et à laquelle elle se fiait totalement.

Barbara se souvient des faits suivants : « Lorsque j'arrivai à la station-service, ma voiture n'était plus du tout en état de marche. Le mécanicien l'examina, me regarda, impressionné; il déclara qu'il ne comprenait pas comment j'avais fait pour la conduire. Je savais que les anges avaient répondu à ma demande d'aide. »

Aide des anges dans les airs

Mon mari, Steven, et moi-même voyageons dans le monde entier pour offrir des ateliers; pour m'aider à prendre toutes les dispositions nécessaires, du début à la fin, je m'appuie sur les anges.

Pour effectuer un voyage en avion, vous pouvez demander à vos anges ce qui suit :

- Vous aider à avoir un représentant du service à la clientèle extrêmement gentil, chaleureux, amical et compétent pour appeler une compagnie aérienne pour faire des réservations.

- Vous conseiller sur ce que vous devez mettre dans vos bagages pour un voyage. (Conseils à partir de ma propre expérience : si les anges vous disent de prendre un parapluie ou un autre objet, faites-le même si cela vous semble illogique. Les anges savent.)

- Organiser votre transport jusqu'à l'aéroport. Si vous vous y conduisez vous-même, ils peuvent vous aider à trouver une bonne place de station-nement près du terminal.

- Vous aider à éviter les files d'attente à l'enregistrement et à traiter avec du personnel de ligne aérienne aimable et compétent.

- Vous permettre de passer les services de sécurité aéroportuaires sans être fouillé.

- Recevoir un bon siège et avoir d'agréables voisins (ou un siège vide à côté de vous!).

- Faire en sorte que l'avion soit sûr et solide sur le plan mécanique.

- S'assurer que l'avion décolle et atter-risse à l'heure.

- Permettre que vous et vos bagages attrapiez la correspondance.

- Protéger et livrer vos bagages de façon à ce qu'ils soient les premiers sur le carrousel d'arrivée au moment de les récupérer.

- Trouver un moyen de transport fiable pour votre hôtel.

- Vous aider à éviter les files d'attente à la réception de l'hôtel.

- Vous orienter vers une chambre d'hôtel tranquille et confortable.

S'il y a des turbulences en cours de vol, demandez aux anges d'adoucir le voyage. Des centaines d'anges embarqueront l'avion et ses ailes sur leur dos et vous volerez sur un coussin d'anges. Grâce à cette méthode, Steven et moi effectuons depuis des années d'extraordinaires voyages.

L'histoire de Helen concernant l'aéroport est l'une de mes préférées. Elle nous rappelle que les anges se trouvent partout.

C'était le premier voyage qu'Helen, âgée de 16 ans, faisait en avion, sa mère et sa grand-mère prièrent donc ardemment pour sa protection.

Helen allait de Pittsburgh à Dallas, où elle devait changer d'avion pour se rendre finalement à Los Angeles. À l'aéroport de Dallas, un vieux monsieur, qui portait des pantalons écossais et ressemblait beaucoup à son grand-père, s'approcha d'elle et lui demanda comment elle se sentait et où elle se rendait. Helen se montrait généralement prudente avec les étrangers, mais il émanait de cet homme quelque chose qui lui inspirait confiance.

Helen lui avoua qu'elle redoutait ce vol. Assez étrangement, il semblait déjà tout savoir d'elle. Il lui dit de ne pas s'inquiéter, que tout se passerait bien et qu'il lui reparlerait plus tard.

Helen embarqua dans l'avion et ne pensa plus à cet homme. Lorsqu'elle atterrit à Los Angeles, personne n'était là pour l'accueillir, aussi fut-elle effrayée et déconcertée. Alors qu'elle attendait son père, le vieux monsieur aux pantalons écossais s'assit près d'elle ! Cela l'étonna parce qu'elle ne l'avait vu nulle part dans l'avion entre Dallas et Los Angeles.

L'homme lui dit : « Je savais que vous seriez encore là. Je vais attendre votre père avec vous pour que vous ne restiez pas seule. » Lorsque son père arriva, Helen se tourna vers l'homme pour lui présenter son père, mais celui-ci avait disparu. Helen raconta à son père que juste avant qu'il arrive, elle parlait à cet homme. Son père lui répondit : « J'ai vu que tu parlais, mais je croyais que tu parlais toute seule. »

Quelques semaines plus tard, alors qu'elle était de retour chez elle à Pittsburg et participait à une vente de charité de l'église, Helen sentit qu'on lui tapait sur l'épaule, elle se retourna et fut surprise d'apercevoir le vieil homme qui portait les mêmes pantalons écossais brillants et lui souriait. « Je vous avais dit que tout irait bien ; vous voilà donc saine et sauve à la maison. » Personne d'autre n'aperçut l'homme à cette vente de charité.

Helen courut à la maison et raconta toute l'histoire à sa grand-mère, qui dit :

«J'ai prié pour que tu aies un ange gardien, et mes prières ont été exaucées.»

Helen raconte : «Je sais que cela paraît incroyable, mais c'est vrai. Je n'ai jamais, plus jamais, douté des anges ; maintenant que ma grand-mère est au ciel, je sens qu'elle est aussi avec mes anges.»

Autres formes de protection

En plus de nous protéger lorsque nous voyageons, les anges nous permettent d'être en sécurité à la maison, au travail et à l'école. C'est une bonne idée, lorsque vous vous endormez, de demander aux anges de rester à la fenêtre et à la porte de votre chambre pendant toute la nuit. Vous dormirez profondément en sachant que vous êtes totalement protégé.

Vous pouvez également demander aux anges de veiller sur vos proches (même s'ils se trouvent dans un endroit différent) :

Lassie demanda aux anges et à l'archange Michael (l'ange protecteur) de veiller sur son fils Quinn, lorsqu'il choisit la vie militaire. En 2003, alors qu'il était déployé en Afghanistan avec son équipe, Quinn s'engagea dans une pente abrupte et tomba, se blessant à la jambe. En raison de sa blessure, l'équipe dut emprunter une autre route. Lorsqu'ils arrivèrent à leur poste, ils apprirent qu'une embuscade leur avait été tendue au sommet de la pente où Quinn était tombé. S'ils avaient poursuivi leur montée jusqu'au sommet, ils auraient tous pu être tués.

Deux ans après, Quinn tomba de quelque 18 m (59 pieds) d'un hélicoptère, sans parachute, et atterrit sur le dos. Sa seule blessure fut une égratignure au coude.

Lassie raconte : «Oh oui, je crois aux anges et je sais qu'ils ont sauvé la vie de mon fils. »

Non seulement les anges nous protègent du danger, mais ils nous apportent aussi la paix en nous facilitant un peu la vie, notamment en nous aidant à trouver des objets perdus ou n'importe quoi d'autre, comme vous allez le voir dans le chapitre suivant.

Chapitre Cinq

LES ANGES
NOUS AIDENT À
TROUVER
CE QUE NOUS
CHERCHONS

Rien n'est jamais perdu aux yeux de Dieu. Même si nous ne savons pas où se trouve un objet, Dieu le sait. Jouant le rôle de messagers de Dieu, les anges peuvent nous rapporter l'objet perdu, le remplacer par quelque chose de mieux ou nous mener vers l'endroit où il se trouve.

L'archange Samuel est «l'ange responsable des recherches»; il nous aide à localiser les objets perdus. Si vous avez égaré votre carnet de chèques, vos clés ou vos lunettes, appelez à l'aide Samuel et les anges. Parfois, les anges vous guideront vers l'endroit où se trouve l'objet. D'autres fois, ils vous rapporteront l'objet et le placeront dans un lieu où vous l'avez cherché précédemment, comme Altaira en fit l'expérience.

Un soir où Altaira brodait au point de croix, son aiguille tomba sur le sol. Elle la chercha partout sans la trouver. Craignant que son fils ou son chat puisse marcher dessus, elle demanda à ses anges de l'aider à la retrouver. Elle enfila une autre aiguille et quitta la pièce.

Lorsqu'elle revint, la première aiguille se trouvait juste à côté de son fauteuil. Elle raconte : «Je sais que j'ai regardé à cette place, parce que j'ai même tâté le tapis de la main.» Encore plus remarquable, la seconde aiguille qu'Altaira avait enfilée était placée dans un porte-fils de sorte qu'elle ne pouvait pas tomber – Altaira savait qu'elle ne l'y avait pas mise.

De nombreuses personnes m'ont dit qu'elles avaient pu retracer des biens perdus depuis longtemps après avoir appelé les anges à l'aide. J'ai entendu d'innombrables histoires de gens qui retrouvaient leur anneau de mariage, leurs objets de famille et d'autres biens. L'histoire de Sophia est particulièrement émouvante.

Sophia gardait précieusement ses boucles d'oreille en pierre de lune et en argent, en particulier parce qu'elle les avait portées lors de moments heureux passés avec son fils et d'autres membres de sa famille. Aussi fut-elle peinée lorsqu'en revenant de l'épicerie, elle s'aperçut qu'une de ses boucles lui manquait.

Elle inspecta minutieusement ses cheveux, ses vêtements, son sac à main, ses sacs de provisions, la cuisine et la voiture. Elle craignait que sa boucle soit tombée dans le magasin ou à la place de stationnement. Sophia demanda à ses anges : « Aidez-moi à retrouver ma boucle d'oreille. » Elle ne savait pas de quelle manière cela se passerait, mais quelque chose lui fit comprendre que sa confiance serait récompensée.

Deux semaines plus tard, après son retour de la même épicerie, Sophia traversa le garage pour aller arroser ses plantes dans la cour arrière de sa maison. Comme elle passait à côté de sa voiture, ses yeux furent attirés par un éclat d'argent. C'était sa boucle d'oreille, légèrement recourbée, mais pas du tout endommagée. Elle se baissa pour la ramasser et des larmes de gratitude lui remplirent les yeux ; elle dit à haute voix : « Merci, les anges ! » Sophia raconte : « Je crois vraiment maintenant, si ce n'était le cas auparavant, qu'avec un peu de foi et beaucoup d'aide des anges, tout est possible ! »

Non seulement les anges peuvent localiser les objets perdus, ils peuvent également négocier leur retour de façon miraculeuse. Après avoir demandé aux anges de vous rapporter quelque chose, laissez aller la demande et ne vous souciez pas de la manière dont les anges répondront à votre prière. Si vous sentez ou pensez que vous devez aller quelque part ou faire quelque chose, n'hésitez pas à suivre ce sentiment ou cette idée, étant donné que cela peut vous mener directement à l'objet de vos prières. Karen s'en est aperçue.

Après une longue journée de travail, Karen avait hâte de rentrer à la maison. Mais elle devait tout d'abord envoyer quelques factures et déposer des chèques à la banque. Donc, sur le chemin du retour, elle s'arrêta à la poste, puis se dirigea vers la banque. Mais comme elle allait effectuer son dépôt, elle se rendit compte qu'elle n'avait pas ses chèques ! Karen demanda à ses anges : « Où peuvent bien être les chèques ? » Une voix douce lui répondit : « Respire profondément, écoute ton cœur et tu sauras. » Karen prit trois profondes respirations et écouta.

Elle entendit immédiatement : « Tu les as accidentellement mis avec les factures à envoyer et ils sont dans la boîte aux lettres de la poste. » Le cœur de Karen se mit à battre en se rendant compte que le facteur devait déjà avoir relevé le courrier et que ses chèques devaient être partis depuis longtemps.

La voix lui redit : « Respire profondément et écoute ton cœur. » Karen le fit et ses craintes s'apaisèrent suffisamment pour qu'elle puisse entendre les anges lui donner les directives suivantes : « Va à la poste. Le facteur est passé en retard ; il est justement en train de relever le courrier. Il t'aidera à trouver tes chèques. » Karen courut à la poste et, bien entendu, le facteur était en train de retirer les

sacs de courrier pour les placer dans son camion.

Karen lui expliqua la situation et l'homme, très gentiment, lui rendit service en disant : « Oh, ne vous inquiétez pas, nous allons vérifier ensemble tout le courrier. » Très rapidement, ils trouvèrent les chèques. Comme Karen remerciait ses anges, elle les entendit dire : « Merci, Karen, de nous avoir écoutés. Nous avons accompli cela ensemble ! »

En plus de retrouver des objets perdus, les anges peuvent vous orienter vers le bon emploi, une belle maison, de merveilleux amis, ou toute autre chose dont vous pouvez avoir besoin.

Joannie roulait toute seule de nuit, en provenance de Californie, pour aller rendre visite à sa mère au Texas. Comme il était tard, Joannie décida de quitter l'autoroute et de trouver un hôtel pour la nuit. Mais l'autoroute était au milieu de nulle part, et les motels à proximité lui semblaient délabrés et peu sûrs. Elle prononça alors à haute voix ces mots : « Les anges, aidez-moi à trouver un hôtel sécuritaire et confortable pour passer la nuit. » Elle fut guidée vers une sortie où elle trouva un hôtel tout neuf. Le hall de l'hôtel était non seulement décoré de couleurs claires et orné de statues d'anges, mais on lui proposa aussi une superbe chambre.

Les anges peuvent vous aider en tout – qu'il s'agisse de faits apparemment insignifiants ou de questions en rapport avec la vie et la mort. Dans les trois prochains chapitres, nous allons voir des façons de travailler avec vos anges pour guérir et améliorer vos relations, votre carrière et votre santé.

Chapitre Six

L'AIDE DES ANGES
DANS NOS
RELATIONS

*I*l est facile d'être en paix lorsqu'on est seul et que l'on médite. Mais pour une croissance spirituelle réelle, il faut apprendre à gérer ses relations. Comment faites-vous pour demeurer concentré lorsqu'il vous semble que les gens autour de vous vous rabaissent? Dans ce cas, également, les anges vous offrent une aide très pratique et très efficace.

En tant qu'ancienne psychothérapeute, j'étudie depuis des décennies les relations interpersonnelles. Même si de nombreuses thérapies axées sur ce domaine sont très efficaces, je sais que le travail des anges à cet égard dépasse de loin ce que les humains peuvent faire pour cultiver et guérir des relations. Qu'il s'agisse de relations amoureuses, familiales, parents-enfants ou amicales, vous aurez la sagesse de travailler avec les anges.

Votre vie amoureuse

Les anges peuvent vous aider dans votre vie sentimentale, que vous soyez engagé dans une relation stable ou dans une vie de célibataire. Si vous êtes à la recherche de l'âme sœur, les « anges des relations amoureuses » peuvent vous aider à trouver la personne de votre choix. Voici une méthode puissante pour invoquer l'aide des anges à cet égard : vous vous installez dans un endroit tranquille où vous ne risquez pas d'être dérangé et vous écrivez une lettre qui commence ainsi :

Chers anges gardiens de mon âme sœur

Vous ouvrez ensuite votre cœur à ces anges. Peu importe que vous sachiez ou non qui est votre âme sœur, puisque les anges le savent. Puis, vous terminez la lettre à peu près par ces mots :

Je sais que mon âme sœur me cherche avec la même ferveur que moi-même. Merci de nous aider à nous rencontrer, à nous aimer et à vivre une relation joyeuse et harmonieuse fondée sur le respect mutuel, l'intégrité, des intérêts partagés et un amour passionné. Merci de me guider clairement sur une voie facile à comprendre, afin que je puisse vivre cette relation maintenant.

Plusieurs couples se sont rencontrés à mes ateliers, et leur relation a vu le jour en raison de leur objectif commun de travail avec les anges. En général, lors de mes ateliers, je demande aux participants qui sont à la recherche d'une âme sœur de lever la main et de regarder dans la pièce autour d'eux pour voir qui d'autre a levé la main. Puis, j'invoque un groupe d'anges connus pour être les «anges des relations amoureuses», des chérubins ressemblant à Cupidon, qui nous aident à retrouver notre plaisir et notre joie de vivre. Grâce à ces anges et à l'exercice qui consiste à lever la main, au moins cinq couples, qui se sont rencontrés à mes ateliers, sont maintenant mariés.

Par ailleurs, les anges des relations amoureuses peuvent insuffler une nouvelle passion dans des relations existantes. Demandez-leur de vous aider, vous et votre partenaire, à retrouver votre côté enjoué et badin, qui est un ingrédient important de la relation amoureuse. Les anges affirment que de nombreux couples deviennent trop axés sur le travail et les responsabilités, et qu'ils doivent prendre le temps d'entretenir des rapports mutuels aimants et joyeux. Les anges des relations amoureuses peuvent vous aider à trouver ce temps et également vous donner l'énergie pour mener à bien cette entreprise.

Relations avec ses amis

Nos relations changent parfois lorsque nous nous engageons dans une voie spirituelle, notamment le travail avec les anges. Si vous avez une amitié qui a débuté lorsque vous vous attachiez au monde matériel, vous pouvez sentir que vous prenez vos distances par rapport à cet ami à mesure que votre centre d'intérêt porte davantage sur l'esprit. D'une part, vos intérêts peuvent diverger peu à peu. D'autre part, d'après la loi de l'attraction, nous sommes attirés vers les personnes qui sont sur la même longueur d'onde que nous. Par conséquent, une personne qui privilégie l'amour et la paix ne sera pas attirée par quelqu'un dont l'élément central est la peur.

Demandez à vos anges de vous aider à passer ces virages et ces changements dans vos relations. Demandez-leur de faciliter le règlement pacifique de toutes les relations qui prennent fin. Les anges peuvent également vous apporter de nouveaux amis formidables, si, simplement, vous le demandez.

Relations avec les membres de la famille

De la même façon, les interactions avec votre famille peuvent se modifier à mesure que vous vous centrez davantage sur la spiritualité. Si vous venez d'une famille très traditionnelle, elle risque tout d'abord de s'inquiéter de votre spiritualité. N'essayez pas de convaincre ou de convertir quiconque à votre nouvelle façon de penser. Pour gérer ce genre de situation, le mieux c'est d'être paisible et heureux. Vous êtes alors une publicité ambulante pour les bienfaits du cheminement sur une voie spirituelle. Dès que les gens observeront votre paix, ils vous questionneront sur le secret de votre bonheur.

Les anges vous conseillent d'extérioriser votre ressentiment et votre colère en tant que cheminement vers la paix. La plupart d'entre vous ont ressenti de la souffrance dans leurs relations familiales, amicales et amoureuses. Les anges font en sorte que cette souffrance ne nuise pas à votre santé et à votre bonheur actuel et à venir.

Si quelqu'un a commis une action qui vous semble impardonnable, vos anges ne vous demanderont pas de changer votre façon de penser et de dire : « Ce qu'il a fait est bien. » Au contraire, les anges veulent que vous extériorisiez votre colère toxique pour votre esprit et votre corps. Lorsque vous intériorisez votre ressentiment, vous attirez des relations et des situations similaires.

Si vous en avez assez des relations malsaines, savez-vous que le ressentiment que vous éprouvez contre un membre de votre famille en est probablement responsable? Le mot *pardon* est synonyme de «rejet des toxines» et de leur remplacement par la santé et la paix. Les anges peuvent vous aider dans cette démarche, si vous le demandez.

Une façon efficace de rejeter les toxines émotionnelles, c'est d'invoquer les archanges Michael et Jeremiel au moment où vous vous endormez. En effet, pendant votre sommeil, vous êtes plus ouvert à l'intervention des anges. Lorsque vous êtes éveillé, votre peur liée à l'ego peut entraver l'aide des anges.

Dites aux archanges silencieusement ou à haute voix :

> « *Je vous demande de retirer de mon esprit, de mon corps et de mes émotions toutes mes vieilles colères, mes souffrances, mes ressentiments, mes jugements, mon amertume ou ma rancune. Je suis prêt à échanger ma souffrance contre de la paix. Je me débarrasse maintenant de tout ce qui m'empêche de connaître la paix, en particulier dans mes relations.* »

Lorsque vous vous réveillerez, vous observerez un changement positif. Peu importe que vous vous souveniez ou non de vos interactions avec les archanges dans le rêve, puisque leur travail s'accomplit à un niveau inconscient.

Les anges peuvent évacuer de vieux problèmes avec des personnes vivantes ou décédées. Cette élimination ne signifie pas que vous devez reprendre votre relation avec ces personnes. Elle vise à libérer la voie pour que vous puissiez éprouver de l'amour, de la paix et de l'harmonie dans tous les domaines de votre vie.

Enfants

Des dizaines de parents m'ont raconté qu'ils ont réussi à adopter un bébé ou à le concevoir après avoir demandé l'assistance des anges, comme dans l'exemple de Mary.

Mary et son mari voulaient adopter un bébé, mais ils se sentaient frustrés par le processus de demande et d'attente. Ils n'abandonnaient toutefois pas encore tout espoir. Un matin, alors que Mary partait au travail, elle remarqua sur le sol près de la portière de sa voiture une épinglette en forme d'ange, enfermé dans son emballage. Elle se demanda pourquoi une épinglette en forme d'ange se trouvait dans l'entreprise de construction où elle travaillait, puisqu'elle était la seule femme employée.

Elle épingla l'ange sur son sac à main en espérant qu'il s'agissait d'un signe positif. Le même soir, Mary demanda à ses anges de l'aider pour l'adoption. Le matin suivant, l'agence d'adoption l'appelait pour lui annoncer de bonnes nouvelles, à savoir qu'elle avait un bébé pour Mary et son mari. Le jour d'après, ils emmenèrent leur fils John à la maison. Il vient de fêter son cinquième anniversaire.

Lorsqu'un bébé a été amené dans un foyer, les anges continuent à lui offrir du soutien. Les deux archanges spécialisés dans les questions liées aux enfants sont Gabriel et Métatron. Gabriel s'occupe de la première partie de l'enfance, de la grossesse jusqu'à ce que le bébé commence à marcher. À mesure que l'enfant grandit, c'est Métatron qui veille sur lui, en sa qualité de gardien sévère, mais aimant. Son rôle principal consiste à développer et à protéger la nature spirituelle de l'enfant.

Les parents peuvent faire appel à Gabriel et à Métatron pour recevoir un soutien supplémentaire lors de problèmes de comportements pendant l'enfance. Pour ce qui est des problèmes de santé ou d'alimentation, c'est l'archange Raphaël qu'il faut appeler. En ce qui concerne toute difficulté comportementale grave, comme la consommation de drogues ou des tendances agressives, demandez de l'aide à l'archange Michael. Nombre de ces difficultés se produisent lorsque des jeunes extrêmement sensibles absorbent à leur insu une énergie négative provenant de leur environnement. Demandez à Michael de «nettoyer» votre enfant (c'est le mot utilisé par les anges pour décrire leur processus de purification de ces énergies inférieures). J'ai assisté à de complets revirements de comportement provoqués par le fait que Michael a «nettoyé» une personne : les résultats dépassant ceux obtenus par les méthodes de psychothérapie que j'ai étudiées au cours de ma formation à l'université et à l'hôpital.

Peut-être est-ce le pur amour des anges, ou le fait qu'ils ne soient absolument pas limités par la peur ou les préoccupations terrestres. Quoi qu'il en soit, il en résulte des miracles ; je les ai vus et j'ai beaucoup entendu parler d'enfants aidés par les anges. L'histoire suivante, dont j'ai parlé pour la première fois dans mon livre *Aimer et prendre soin des enfants indigo,* en est un exemple.

Lors de mon atelier, une femme nommée Josie s'approcha de moi, les larmes aux yeux et les bras ouverts, pour me serrer dans ses bras. Elle s'exclama qu'après avoir lu mes livres à propos du travail avec les anges, elle avait fait l'expérience d'une intervention divine en ce qui concerne son fils de 13 ans, Chris.

«Chris était hors de contrôle avant que je ne commence à travailler avec les anges, m'expliqua Josie. Il ne voulait pas rentrer à l'heure à la maison, et il consommait des drogues. Son travail scolaire était catastrophique. C'est alors que ma tante m'apporta un de vos livres ; en le lisant, j'ai appris comment parler aux anges de Chris. À cette époque, je ne croyais pas vraiment aux anges. Je pensais qu'ils étaient comme le Père Noël : un mythe. Mais comme je désespérais de pouvoir aider mon fils, je décidai d'essayer.

» Je parlai silencieusement aux anges gardiens de Chris, même si je n'étais pas vraiment convaincue de faire ce qu'il fallait. Je n'étais même pas certaine que mon fils eût des anges, étant donné la façon dont il agissait, comme un diable, et bien pire ! Pourtant, presque immédiatement, je constatai des résultats. Je continuai donc à parler chaque nuit avec ces anges. »

Je demandai à Josie comment se comportait Chris pendant les journées suivantes.

« Il est super ! dit-elle en souriant. Il est heureux, ne prend pas de drogues et il se conduit bien à l'école. »

Amélioration des relations avec l'aide des anges

Vous pouvez régler un malentendu en parlant avec les anges gardiens de l'autre personne. Bien que les anges ne puissent violer le libre arbitre de quelqu'un, ils interviendront dans toute situation susceptible d'affecter votre paix, y compris dans des difficultés relationnelles.

Dans de telles situations, fermez vos yeux et concentrez-vous sur la respiration. Puis, tenez-vous-en à l'intention de parler avec les anges gardiens de l'autre personne. Vous ne pouvez vous tromper et le faire de façon erronée, puisque l'intention compte davantage que la méthode choisie.

Ouvrez ensuite votre cœur aux anges de l'autre personne (en silence, dans une lettre ou à haute voix). Parlez-leur de vos peurs, de votre colère, de vos déceptions et de vos désirs. Demandez ensuite aux anges d'amener la paix dans la relation. Ne dites pas aux anges de quelle façon le faire, vous risqueriez de ralentir ou de manquer la réponse à vos prières. Permettez à l'infinie créativité et sagesse de l'Esprit divin de Dieu de parvenir à une solution ingénieuse, qui satisfera chaque personne concernée par la situation.

N'avez-vous jamais souhaité pouvoir revenir en arrière et retirer quelque chose que vous aviez dit, ou encore gérer différemment une situation ? Eh bien, les anges peuvent vous aider à réaliser ce désir grâce à un processus appelé *annulation rétroactive*. Pensez aux actes ou aux mots que vous aimeriez rectifier et dites aux anges :

> *« Je demande que tous les effets de cette erreur soient annulés dans toutes les directions du temps, pour toutes les personnes concernées. »*

Cette méthode amène souvent les personnes concernées à oublier ce qui s'est passé, comme si cela n'avait jamais eu lieu. Elle donne un nouveau sens à la phrase « pardonner et oublier ».

Selon les anges, lorsque quelqu'un nous ennuie ou nous fâche, c'est parce que nous voyons en lui un aspect de nous-mêmes que nous n'aimons pas. En d'autres termes, nous projetons sur d'autres les problèmes liés à notre ego, dont nous ne sommes pas conscients ou que nous ne voulons pas admettre. Tout le monde présente ce genre de problèmes, c'est pourquoi nous n'avons aucune raison d'en avoir honte. En fait, la projection est un merveilleux outil, qui nous aide à devenir conscients de nos problèmes d'ego, afin que nous puissions y travailler.

Si quelqu'un nous ennuie ou nous fâche, les anges nous recommandent de dire :

> « *Je suis prêt à éliminer de moi cette partie qui m'irrite lorsque je pense à vous.* »

Ce fait ne signifie pas que vos actions ressemblent à celles de la personne qui vous ennuie, mais simplement qu'une ombre en vous reconnaît l'ombre qui réside dans l'autre personne.

Lorsque nous admettons honnêtement ce processus de projection au moyen de l'affirmation conseillée ci-dessus par les anges, nous sommes en mesure d'adopter une meilleure perspective. Nous pouvons ensuite nous voir, de même que les autres, par les yeux des anges.

Les anges font abstraction de notre personnalité et de notre ego. Ils se concentrent sur la lumière et l'amour qui se trouvent dans chaque personne, sans tenir compte des apparences. Plus nous regardons la bonté chez les autres, plus nous pouvons la voir en nous-mêmes.

D'après les anges, toutes les relations servent un but ultime, même celles de courte durée. Lorsque le but de la relation a été atteint, l'attraction entre les deux personnes diminue. C'est une des raisons pour lesquelles des relations prennent fin.

Les anges peuvent nous soutenir en fin de relation, notamment nous aider à prendre des décisions difficiles concernant la séparation, nous insuffler le courage et la force dont nous avons besoin pour supporter une rupture, donner à chacune des personnes concernées ce qu'il lui faut et nous aider à guérir.

Lorsque le mari d'Annette la quitta, elle et ses deux fils en bas âge, elle fut dévastée sur le plan émotionnel et financier. Symbole de son désarroi, le coffre de sa vieille voiture se bloqua avec, à l'intérieur, la poussette du bébé, et personne ne réussit à l'ouvrir ; partout où elle allait, elle devait porter son bébé dans ses bras. Finalement, après six mois de difficultés, Annette décida de demander aux anges de l'aider. Elle appela en particulier l'archange Michael, avec lequel elle avait travaillé précédemment.

Annette reçut le conseil de se libérer de sa blessure et de sa colère à l'égard de son ex-mari et de lui écrire une lettre sincère, puis de la brûler. Lorsque la lettre fut en cendres, Annette commença à voir des éclairs de lumière d'un bleu vif, qui l'informaient de la présence auprès d'elle de l'archange Michael.

Le lendemain, Annette reçut le conseil d'enlever de sa voiture tous les objets appartenant à son ex-mari. Elle demanda aux anges d'éliminer toute négativité d'elle, de ses enfants, de sa maison et de sa voiture. Alors qu'Annette était en train de retirer de sa voiture les derniers papiers de son ex-mari, le coffre de la voiture s'ouvrit. Annette ne pouvait en croire ses yeux! Avec reconnaissance, elle sortit la poussette du coffre, remerciant profondément les anges de l'avoir aidée.

Juste au moment où elle rentrait à la maison, le téléphone sonna. Fait plutôt rare, c'était son neveu, qui lui dit avoir parlé de la situation à son voisin. Le voisin était en train de vendre une voiture blanche en parfaite condition; il en voulait 5 000 $, mais il était prêt à la céder à Annette pour 2 000 $. Lorsqu'elle reçut la voiture, Annette pleura : cela dépassait tout ce qu'elle avait pu espérer.

»Elle raconte : «Quand j'ai vu la voiture blanche rouler dans mon allée, j'ai su que c'était un cadeau des anges. Je fus bouleversée par la chance que j'avais eue depuis que j'avais demandé de l'aide aux anges. Ils veillent encore sur moi chaque jour, en me faisant savoir qu'ils m'accompagnent, grâce à leurs éclairs de lumière bleue, violette et verte. Je n'ai jamais rien à demander, puisque, grâce aux anges, tous mes besoins quotidiens sont comblés.»

Les anges peuvent nous aider dans tous les problèmes relationnels, que ce soit avec notre conjoint ou notre conjointe, un membre de notre famille, un ami ou une amie, voire un étranger. Au travail, également, les anges orientent et protègent nos relations. Après tout, nous passons beaucoup de temps avec nos collègues, des employés, des clients et d'autres personnes avec lesquelles nous entrons en contact dans notre milieu de travail. Au chapitre suivant, nous étudierons la manière dont les anges veulent nous seconder dans nos objectifs de carrière et de vie.

Chapitre Sept

L'AIDE DES ANGES
DANS NOS OBJECTIFS DE
CARRIÈRE
ET DE
VIE

*V*oici une des principales questions qui me sont posées par les membres de mon auditoire : « Les anges peuvent-ils me parler de mes objectifs de vie ? » En général, la demande implicite est la suivante : « Quelle serait la carrière la plus intéressante pour moi ? »

Comme nous passons généralement au moins huit heures par jour au travail, il est logique de choisir un emploi intéressant. Il faut quelque chose de plus qu'un emploi pour payer les factures : une carrière qui vous passionne et qui, croyez-vous, contribuera à un monde meilleur. Et si cet emploi vous offre un bon salaire, eh bien, tant mieux !

Nous avons tous un objectif de vie précieux et indispensable qui nous permet d'utiliser nos talents, nos passions et nos intérêts naturels. Notre objectif de vie aide d'une certaine façon d'autres personnes, des animaux ou l'environnement. Les anges nous demandent de viser la prestation d'un certain type de service et de ne pas nous inquiéter de l'argent ou des éloges que nous recevrons. Ils disent : «Servez un objectif, votre objectif vous servira.» Les anges peuvent vous apporter tout le soutien dont vous avez besoin dans ce domaine.

Les archanges et les carrières professionnelles

Les archanges sont heureux de vous assister dans tous les aspects de votre carrière. Voici quelques-uns des rôles que certains archanges peuvent jouer.

Ariel : Cet archange aide ceux qui s'intéressent à des professions relatives à l'environnement, à la nature ou aux animaux. Il contribue aussi à l'obtention de l'argent ou d'autres fournitures nécessaires à votre objectif de vie et à vos dépenses quotidiennes.

Azrael : Si votre métier est d'offrir des consultations aux personnes endeuillées ou d'assister ces personnes dans leurs pertes (que vous travailliez dans un hôpital, un hospice, un centre de counselling ou dans d'autres emplois similaires), l'archange Azrael guidera vos paroles et vos actions pour vous permettre de réconforter et d'assister les personnes en deuil.

Gabriel : L'archange des messagers assiste les enseignants, les journalistes, les écrivains et ceux qui désirent travailler avec les enfants. Si vous vous sentez guidé vers l'écriture, Gabriel vous motivera et vous orientera. Si vous souhaitez aider les enfants d'une façon ou d'une autre, demandez à Gabriel de vous assigner une tâche divine.

Haniel : C'est l'archange de la grâce qu'il faut invoquer lorsque vous allez en entrevue pour un emploi, que vous participez à des réunions, ou chaque fois que vous voulez vous exprimer de façon très éloquente ou élégante.

Jophiel : L'archange de la beauté vous aide à faire en sorte que votre énergie soit pure et bonne dans votre lieu de travail et à maintenir vos pensées positives au sujet de votre carrière. Elle assiste également les artistes, les personnes au tempérament créateur, quiconque joue un rôle dans l'industrie de la beauté et les intervenants en matière de feng shui dans tous les aspects de leur carrière.

Métatron : Si votre profession a un rapport avec des enfants particulièrement énergiques ou des adolescents, Métatron peut vous aider. Il peut vous assigner une tâche divine, si vous désirez travailler avec les adolescents ; Métatron est également un merveilleux motivateur et un bon organisateur, alors faites appel à lui, si vous avez besoin d'aide pour vous amener à agir.

Michael : L'archange Michael peut vous aider à trouver votre objectif de vie et à vous engager dans la prochaine étape de votre carrière. Une des meilleures façons d'amorcer ce processus, c'est de lui écrire une lettre pour lui demander quels sont, pour vous, les bons choix de carrière et d'études. Michael est l'un des archanges les plus bruyants, vous n'aurez donc probablement aucune difficulté à l'entendre. Dans votre lettre, inscrivez ses réponses sous vos questions, vous aurez alors un dossier sur son orientation professionnelle.

L'archange Michael a une façon de s'exprimer tout à fait pertinente. Il est très affectueux, mais également extrêmement franc. Par conséquent, pour trouver le courage de changer ou d'améliorer votre carrière, c'est à lui qu'il faut faire appel. Il vous aidera à trouver un meilleur emploi, à lancer votre propre commerce, à exprimer de façon plaisante votre vérité à vos collègues, à vos patrons et à vos clients.

Michael est aussi étonnant pour ce qui est de réparer des articles électroniques et mécaniques comme les ordinateurs, les voitures, les télécopieurs et d'autres objets similaires.

Raguel : Si votre travail fait intervenir des relations avec des clients ou des collègues, et une médiation (comme des consultations matrimoniales), l'archange Raguel peut vous assurer d'harmonieuses relations.

Raphaël : Si votre carrière est en rapport avec la guérison ou que vous vous sentez attiré par la profession de guérisseur, Raphaël peut vous aider. En tant que chef des anges guérisseurs, Raphaël apporte son assistance dans tous les aspects des carrières liées à la guérison. Raphaël peut vous orienter et vous aider à choisir le mode de guérison qui vous satisfera le plus, à concrétiser les droits de scolarité pour votre formation en guérison, ouvrir et faire fonctionner un centre de guérison, trouver le meilleur emploi dans un domaine lié à la guérison, établir une pratique privée couronnée de succès, et vous guider en ce qui concerne vos actions et vos paroles pendant vos séances de guérison.

Samuel : « L'archange responsable des recherches » vous aidera à trouver la profession ou l'emploi que vous cherchez.

Samuel contribuera également à maintenir votre état de paix, en vous aidant à trouver le meilleur emploi.

Sandalphon : Cet archange apporte sa contribution dans les carrières artistiques, en particulier musicales. Appelez Sandalphon comme une muse qui vous inspire, un maître qui guide votre processus créateur et un agent qui mettra sur le marché vos projets créateurs.

Uriel : L'archange de la lumière peut éclairer votre esprit grâce à de bonnes idées et à des concepts judicieux. Faites appel à Uriel pour vous aider à résoudre des problèmes, à lancer des idées ou à vous exprimer lors d'importantes conversations.

Zadkiel : Cet archange vous aide à renforcer votre mémoire et il est un merveilleux soutien pour les étudiants ou quiconque doit se rappeler de noms, de chiffres ou d'autres renseignements importants.

Les anges au travail

Les anges feront des heures supplémentaires pour vous aider dans votre carrière. Vous n'avez qu'à demander : ils trieront vos appels téléphoniques et tiendront éloignées les personnes qui vous font inutilement perdre du temps.

En outre, les anges mèneront vers votre entreprise les bons clients. Voici une merveilleuse prière à leur adresser le matin :

> *« Je demande qu'à tous ceux qui voudraient recevoir les bienfaits de mon produit (ou de mes services) soient donnés aujourd'hui le temps, l'argent et tout ce dont ils ont besoin à cette fin. »*

J'ai parlé avec plusieurs propriétaires de magasin qui prononcent une prière similaire et réussissent bien. Lorsque je me rends dans ces magasins, je suis émue de voir qu'ils sont pleins d'acheteurs heureux.

Demandez aux anges de vous aider à éprouver du plaisir au travail, et ils vous accorderont chaque jour des moments heureux et précieux. Si vous avez besoin de quelque chose, comme d'un nouvel ordinateur, d'un nouveau stock ou d'un plus grand bureau, priez les anges à cet égard. Si vous avez besoin d'idées, de relations ou d'énergie, là encore, demandez aux anges de venir à votre aide.

Les anges peuvent vous assister dans toutes les grandes entreprises comme dans les petits détails liés à votre vie professionnelle, parce qu'ils vous aiment et veillent sur vous. Ils désirent que vous soyez en paix et, de plus, ils savent que vous êtes bien plus heureux lorsque vous vous sentez bien, en raison de la façon dont vous passez votre journée.

Les anges veulent nous aider à nous sentir bien tout le temps, ce qui inclut la guérison de nos proches, s'il leur arrive un problème de santé. Dans le chapitre suivant, nous évoquerons les façons dont les anges veillent sur notre santé, en nous assurant continuellement une paix de l'esprit, du corps et de l'âme.

Chapitre Huit

LA GUÉRISON
AVEC L'AIDE DES
ANGES

Rien n'est impossible à Dieu, ni aux anges. Ils peuvent guérir toutes les maladies, renforcer notre motivation à faire de l'exercice, et éliminer ou réduire nos violentes envies d'aliments malsains ou de substances nocives. Tout ce que nous avons à faire, c'est de prendre la décision claire et précise que nous voulons guérir, et d'être prêts à nous en remettre entièrement à Dieu et aux anges.

Les anges travaillent en collaboration avec Jésus, Bouddha ou d'autres déités, vous n'avez donc pas à vous inquiéter de l'interférence possible d'une guérison par les anges avec vos croyances ou vos devoirs religieux.

Vous pouvez demander à Dieu d'envoyer des anges guérisseurs à une autre personne. Comme nous l'avons mentionné précédemment, les anges ne violeront jamais le libre arbitre de quelqu'un en lui imposant une guérison non désirée (n'oubliez pas que toutes les personnes, pour diverses raisons personnelles connues d'elles seules, ne souhaitent pas forcément guérir). Toutefois, la *présence* des anges a un effet calmant, qui est toujours utile et sain ; c'est donc une bonne idée d'invoquer les anges pour ceux qui sont aux prises avec des problèmes de santé.

L'archange Raphaël est le principal ange qui opère et surveille les guérisons. Il est secondé par des « anges guérisseurs » qui travaillent en totale collaboration avec lui pour orchestrer des guérisons miraculeuses. L'auréole de Raphaël est vert émeraude, la couleur énergétique de l'amour pur. Raphaël encercle les parties blessées ou malades de lumière vert émeraude.

Parfois, les anges nous guérissent en nous aiguillant vers de bons praticiens en santé humaine. Après avoir demandé de l'aide aux anges, soyez très attentifs aux idées ou aux sentiments répétitifs qui vous incitent à communiquer avec certains médecins ou établissements de santé. N'oubliez pas que vous pouvez toujours demander aux anges de parler plus fort ou de vous expliquer un point que vous ne comprenez pas.

L'histoire de Holly illustre bien la manière dont les anges peuvent miraculeusement nous guérir, à condition que nous leur demandions de l'aide et, ensuite, que nous leur laissions le champ libre pour qu'ils puissent exécuter leur travail.

Holly survécut à une collision frontale, mais, à cause de l'impact, sa cheville droite fut brisée en mille morceaux; elle eut l'impression qu'une partie importante de sa vie était finie. Fervente adepte de la randonnée pédestre, du jogging et de la danse, Holly, après cet accident, pouvait à peine se tenir debout et marcher. Elle n'était plus capable de porter les chaussures pointues et à talons hauts qu'elle aimait, ni de danser dans la cuisine comme elle le faisait généralement en préparant le repas familial.

Sans l'usage de sa cheville droite, la vie lui semblait terne et Holly devint dépressive. Elle boitait et souffrait, si bien que son médecin lui recommandât une opération pour souder définitivement sa

cheville au moyen d'une vis restreignant complètement la mobilité de son pied droit.

Holly avait lu de nombreux ouvrages sur les anges et elle croyait avec ferveur en Dieu, mais elle avait toujours tenu sa vie bien en main, ne demandant jamais d'aide aux autres… même pas à Dieu. «Obsédée de contrôle», selon ses propres mots, Holly pensait que si elle ne s'occupait pas des choses elle-même, elles ne seraient pas faites. Cependant, à cause de sa dépression, elle se sentit prête à demander de l'aide.

Après avoir lu les témoignages de guérison décrits dans mon livre intitulé *Médecine des anges*, Holly eut une révélation : elle se rendit compte qu'elle méritait autant que les autres de recevoir l'aide de Dieu et des anges. Elle se dit : «Je mérite un miracle !» Elle comprit également que son ancienne méthode, qui consistait à vouloir tout contrôler et à dominer la matière par l'esprit ne fonctionnait pas.

Elle raconte : «Pour la première fois de ma vie, je lâchai prise. Je compris que je ne pouvais pas gérer cette situation toute seule. J'abandonnai la peur, la blessure et la dépression. Je demandai seulement que ma guérison se produise pendant mon sommeil, parce que, si elle avait lieu pendant mon éveil, je savais que je poserais trop de questions ! »

Après avoir demandé aux anges de la guérir, Holly se pelotonna avec ses trois chiens et s'endormit. D'ordinaire, pendant la nuit, ses chiens auraient bougé et demandé de sortir, mais cette nuit-là fut complètement différente : ils dormirent jusqu'au matin.

Holly fut, par ailleurs, brusquement réveillée par des impulsions électriques qui faisaient tressaillir son corps. Elle eut des sensations de chaud et de froid pendant que les impulsions électriques se déplaçaient à travers son corps. La chambre était également remplie de cette sensation d'électricité statique.

Holly se sentit plus légère qu'elle ne l'avait jamais été auparavant et elle sut à ce moment-là qu'elle avait été guérie. Une voix lui dit : « Lève-toi » : elle lança alors ses jambes par-dessus le bord du lit. Les chiens dormaient toujours.

Holly raconte : « Le pied qui était immobilisé en grande partie avait retrouvé

toute sa mobilité! Mon pied droit suivait chaque angle et chaque rotation du pied gauche. Je me levai et, pour la première fois depuis un an et demi, je ne ressentis aucune douleur. Je réussis à mettre tout mon poids sur ce pied et à marcher sans boiter. »

Aujourd'hui, Holly danse, court et porte à nouveau des talons aiguilles. Elle observe : «Je fais ce qui est impossible, d'après la science. Il fallait simplement que je croie. Je devais uniquement le demander. Merci, mon Dieu, de m'avoir envoyé vos archanges. J'ai enfin retrouvé ma vie. »

En plus de guérir les humains, les anges peuvent guérir les animaux. Là encore, il suffit de demander.

Le chat d'Andréa, Jésus, était très malade. Il ne bougeait, ni ne mangeait plus. Elle l'amena chez le vétérinaire, qui diagnostiqua une infection et des pierres au rein. Quelques jours plus tard, le chat se trouvait encore à l'hôpital vétérinaire avec une fièvre élevée. Vers 16 h 30, quand Andréa téléphona pour demander des nouvelles de son chat, le vétérinaire l'avertit qu'il ne vivrait pas.

Andréa raccrocha en pleurant et implora les anges de guérir son chat. Après avoir parlé trente minutes avec les anges, Andréa se sentit en paix. Elle entendit une voix qui disait : « Votre petit chat ira bien ; il se portera comme si rien ne s'était passé. »

Le matin suivant lorsqu'elle appela l'hôpital, une infirmière dit à Andréa que la température de son chat était redevenue normale vers 5 h 30 la nuit précédente. Cela correspondait au moment où Andréa s'était sentie en paix après avoir parlé avec les anges ! Aujourd'hui, comme les anges l'avaient promis, il n'est même pas possible d'imaginer que le chat d'Andréa ait été malade.

Modes de vie sains

Les anges sont heureux de nous aider dans nos maladies, mais ils sont également très engagés dans la médecine préventive, afin que nous ayons de la santé et de la vitalité pendant toute notre vie. Vous avez très probablement senti ou entendu vos anges vous inviter à changer d'alimentation, à faire plus d'exercice ou à autre chose pour améliorer votre santé.

Selon le témoignage de nombreuses personnes, dès qu'elles ont commencé à travailler avec les anges, leurs goûts pour certains aliments et certaines boissons ont changé. Certaines d'entre elles ont même perdu la capacité de digérer les aliments qu'elles préféraient autrefois.

Ces changements proviennent du déplacement vers le haut des vibrations énergétiques qui se produisent lorsque vous êtes entourés d'anges. De même que, selon la loi de l'attraction, vous êtes attiré par les personnes ayant des sentiments et des croyances semblables aux vôtres, de même vous aurez envie de changer d'aliments et de boissons.

Certaines personnes améliorent naturellement et facilement leur alimentation, mais beaucoup d'entre nous ont besoin de l'aide des anges. J'ai ressenti de terribles maux de tête dès que j'ai commencé à écrire des ouvrages sur les anges. Comme je n'en avais encore jamais souffert auparavant, je compris que quelque chose n'allait pas. Je questionnai l'archange Raphaël à cet égard, et je l'entendis immédiatement dire (par mes sentiments et mes pensées) que ma consommation de chocolat le matin en était responsable. Il m'expliqua que le chocolat baissait mon énergie, ce qui provoquait un conflit chaque fois que j'entrais en communication avec les anges. L'effet ressemblait à la collision entre une zone de basse pression et une zone de haute pression des systèmes météorologiques, qui entraîne un orage.

Comme je me sentais presque constamment en manque de chocolat, je fus horrifiée par cette nouvelle. Je me demandais comment je pourrais m'en passer même un seul jour, alors je demandai à Raphaël de m'aider. C'était en 1996. Depuis ce jour-là, jamais je n'ai manqué ni désiré de chocolat. Raphaël m'a totalement guérie de tout désir de chocolat, et ce n'était pas un petit miracle pour quelqu'un qui avait développé une dépendance au chocolat. Les maux de tête disparurent également et ne réapparurent jamais.

Les anges ne sont ni prudes, ni moralisateurs, mais ils savent que certains d'entre nous doivent vivre sans substance chimique pour avoir une santé optimale et être heureux ; ils nous aident alors souvent à nous désintoxiquer et à nous débarrasser de l'alcool, du sucre, de la caféine, de la nicotine et d'autres drogues. Les anges m'ont aidée, ainsi que de nombreuses autres personnes, à me libérer des produits chimiques et des états de manque.

En plus des questions d'alimentation, les anges nous dirigent également vers des programmes d'exercice sains qui correspondent à nos intérêts et à notre énergie. Ils nous orientent souvent vers le yoga, parce que le yoga non seulement nous aide à nous concentrer et à méditer, mais il contribue aussi à renforcer nos muscles, à purifier nos chakras et à augmenter notre énergie.

Les anges aiment également que nous passions du temps dans la nature, parce que l'énergie magique de l'air frais, des arbres, des fleurs, des plantes, de l'eau et du soleil nous rafraîchit et nous renouvelle.

En outre, les anges nous incitent à prendre beaucoup de repos. Ils nous conseillent notamment de faire en sorte que nos chambres à coucher soient confortables et que nos draps et nos oreillers soient exempts d'allergène.

Si vous avez eu l'impression ou l'idée de vous engager dans un de ces changements vers un mode de vie sain, c'est le signe que vous entendez les conseils de vos anges. Si vous avez besoin de soutien en ce qui concerne votre motivation, votre énergie, le temps, l'argent ou autre chose pour vous aider à réaliser ces changements, demandez-le, tout simplement.

Chapitre Neuf

LES
ANGES
TERRESTRES

Vous avez peut-être rencontré un ange sous une apparence humaine, qui vous a apporté un message réconfortant ou a effectué quelque chose d'héroïque. Les anges peuvent se manifester dans un corps humain lorsque c'est nécessaire, pour sauver une vie ou aider quelqu'un à entendre vraiment ce qu'ils ont à lui dire.

Les anges incarnés ont l'air de personnes ordinaires. Ils sont parfois bien vêtus, et parfois couverts de haillons. En général, ces anges prennent temporairement une forme physique, juste le temps nécessaire pour s'acquitter de leur fonction divine. Toutefois, certains anges passent une vie entière en tant qu'êtres humains, notamment lorsqu'une famille, un hôpital, une école ou un autre groupe a besoin de l'aide d'un ange à long terme.

Voici un exemple de la façon dont des anges ont aidé Susan, sous forme humaine :

Au cours d'un hiver rigoureux, le système de chauffage de Susan tomba en panne. Elle appela la compagnie ; elle se rendit alors compte qu'elle n'avait pas les moyens de remplacer l'appareil, ni même de le réparer. Le lendemain, un camion blanc non identifié s'arrêta devant sa maison. Deux hommes vêtus d'uniformes sans marque distinctive dirent à Susan que leur bureau les avait envoyés pour livrer et installer son nouvel appareil de chauffage.

Lorsque Susan protesta, disant qu'elle n'avait pas commandé de nouvel appareil de chauffage, les hommes lui répondirent qu'ils allaient l'installer et qu'elle parlerait du financement plus tard avec leur bureau. Susan n'entendit plus jamais parler de ces hommes et elle ne sut pas quelle entreprise appeler au sujet du paiement de l'appareil. Elle comprit seulement que ses anges avaient fait le nécessaire pour qu'elle et sa famille aient de la chaleur.

Les anges nous aident de façon miraculeuse. Au lieu de prier pour obtenir l'argent nécessaire pour remplacer son système de chauffage, Susan leur demanda simplement de rétablir la chaleur dans sa maison. Si Susan avait insisté pour que Dieu lui donne de l'argent, pensant que c'était son seul moyen pour obtenir un appareil de chauffage, peut-être n'aurait-elle pas reçu aussi facilement la réponse à sa prière.

Dans le même ordre d'idées, Tracy découvrit que les anges font preuve d'une constante générosité en ce qui concerne le temps et l'argent.

Tracy et sa petite fille étaient à l'aéroport en train de s'enregistrer pour leur vol de retour à la maison; toutefois, le représentant de la ligne aérienne lui déclara que le billet de Tracy n'était pas valable et qu'elle devrait en racheter un autre pour pouvoir embarquer. Elle ne disposait pas de l'argent nécessaire pour un autre billet, alors elle s'assit et se mit à pleurer.

Une main de velours lui toucha l'épaule. C'était une vieille dame bien vêtue qui lui demanda si elle pouvait l'aider. Lorsque Tracy lui expliqua sa situation, la femme lui acheta immédiatement un autre billet. Tracy la remercia avec effusion ; un moment plus tard, la femme avait disparu.

Lorsque Tracy embarqua dans l'avion, elle s'aperçut avec joie que la femme était assise à côté d'elle ; pendant le vol, celle-ci encouragea Tracy et son bébé. Lorsqu'elles atterrirent, Tracy remercia encore sa bienfaitrice pour le billet et le réconfort de ses paroles. Mais immédiatement après leur débarquement, la femme disparut à nouveau. Tracy ne douta pas un instant que cette femme était un ange déguisé.

Un ange peut entrer dans notre vie sous forme humaine pour entretenir une brève relation, nous offrir une protection, nous aiguiller à un important carrefour de notre vie ou nous prodiguer soutien et orientation. Ces êtres peuvent sortir de notre vie aussi vite qu'ils y sont entrés, parce qu'ils ont rempli leur fonction angélique.

Pendant trois mois, Anna coiffa Betty chaque vendredi matin à 9 h. Un jeudi soir, Betty appela Anna pour déplacer à

8 h son rendez-vous du lendemain. Anna arriva donc à sa boutique une heure plus tôt que d'habitude. Dix minutes plus tard, un tremblement de terre de magnitude 6 secouait son magasin (c'était le tremblement de terre de Whittier Narrows en octobre 1987.)

Pendant le tremblement de terre, la maison mobile d'Anna s'effondra et un poteau électrique s'écrasa sur ses auvents. Si Anna n'était pas partie plus tôt pour son rendez-vous, elle aurait probablement été blessée, voire pire. Betty ne vint pas à son rendez-vous et Anna n'entendit plus jamais parler d'elle. Betty avait somme toute rempli sa fonction divine, qui consistait à protéger la vie d'Anna.

Parfois, le Ciel nous demande de remplir la fonction d'un ange. N'avez-vous jamais conseillé un ami ou un client, et exprimé des mots tellement sages et réconfortants que vous vous demandiez d'où ils sortaient ? C'est un exemple d'ange messager : Dieu parle par votre voix.

D'autres fois, il est tout à fait évident que vous tapez sur l'épaule de quelqu'un pour remplir les fonctions d'un ange terrestre, c'est ce qui est arrivé à Kathy.

Infirmière diplômée, Kathy réfléchissait à la possibilité de cesser d'aider, lorsqu'elle assista à un terrible carambolage de l'autre côté de l'autoroute inter-États. Mais elle eut peur de traverser en raison de la rapidité du trafic. Quelque chose en elle lui dit de s'arrêter tout de même. Comme elle sortait de la voiture, une femme s'approcha et appela Kathy par son nom, bien qu'elle ne l'eût jamais rencontrée auparavant. La femme lui fit savoir que les personnes impliquées dans l'accident avaient besoin de son aide. Lorsque Kathy répondit : « Je ne peux pas traverser la route », la femme répliqua : « Je vous aiderai. »

La femme marcha rapidement vers le milieu de l'autoroute où le trafic était très dense et leva les bras pour arrêter les gros poids lourds. Elle saisit Kathy par le bras et la conduisit jusqu'à un jeune homme couché sur la route qui avait désespérément besoin d'assistance médicale. Kathy regarda par-dessus son épaule pour remercier la femme, mais celle-ci avait disparu.

Kathy pratiqua la réanimation cardiovasculaire (RCV) sur le jeune homme et pria avec lui jusqu'à l'arrivée de l'ambulance. Elle se renseigna ensuite sur la femme, mais personne d'autre ne l'avait aperçue. Kathy est convaincue qu'il s'agissait d'un ange gardien et qu'elle-même, cette nuit-là, avait été au service d'un ange.

La plupart des gens qui rencontrent un ange sous forme humaine ne se rendent tout d'abord pas compte que la personne serviable est un ange. C'est seulement lorsque l'ange disparaît de leur vue qu'ils comprennent sa véritable identité.

Un soir où le brouillard était extrêmement dense, Barbara et son amie Lorraine se demandaient avec inquiétude comment elles allaient rentrer saines et sauves de l'école après une journée d'enseignement. Le brouillard était si épais qu'elles eurent de la peine à trouver leur voiture dans le parc de stationnement de l'école. Juste au moment où Barbara se risquait prudemment derrière le volant, un homme bien vêtu surgit de nulle part.

« Pousse-toi ! », dit-il avec autorité. Ni l'une ni l'autre ne furent effrayées, et, sans savoir pourquoi, elles se fièrent à l'homme et à son jugement. Sur le chemin du retour, elles se sentirent somnolentes comme dans un rêve.

Barbara se souvient : « Je revins à la réalité juste au moment où je m'engageai dans l'allée et que je trouvai le mari de Lorraine et le mien nous attendant, soulagés de nous voir rentrées saines et sauves. » Lorraine se précipita dans la maison pendant que Barbara racontait ce qui s'était passé. L'homme avait disparu et Barbara était assise derrière le volant sans pouvoir se rappeler comment elle y était arrivée. Aujourd'hui encore, Lorraine et Barbara n'arrivent pas à comprendre ce qui s'est passé, mais elles croient qu'un ange est venu à leur secours ce soir-là.

Les anges adoptent une forme humaine pour apporter de l'aide matérielle, comme l'ange-homme qui a conduit Barbara et Lorraine en sécurité vers la maison à travers le brouillard. En outre, ils s'incarnent brièvement pendant des périodes de stress et de crise, lorsque nous ne pouvons écouter la petite voix tranquille de l'esprit. Dans ces situations, les anges empruntent une forme humaine, afin que nous portions

attention à leurs précieux messages et avertisse-
ments, comme cela s'est passé pour Patricia.

Patricia traversait un carrefour en voiture
lorsqu'elle entendit un terrible fracas. Quand
elle ouvrit les yeux, elle se rendit compte qu'elle
avait eu un accident. Patricia s'assit lentement et
remarqua une femme qui était debout contre la
vitre de sa voiture. «Arrête la voiture!», lui cria
la femme. «Elle est arrêtée», répondit Patricia,
ne se rendant pas compte que le moteur tour-
nait toujours. La femme répéta : «Tourne la clé
pour arrêter le moteur.» Patricia obtempéra et la
femme disparut.

Les pompiers et les ambulanciers utilisèrent
les désincarcérateurs pour tirer Patricia de sa voiture. Un des hommes remarqua : «Une chance
que vous ayez éteint votre moteur. De l'essence
coulait partout dans la rue, une étincelle de l'al-
lumage vous aurait fait sauter.» Quand Patricia
expliqua que la femme lui avait ordonné d'arrêter
la voiture, l'homme demanda : «Quelle femme?
Personne ne se trouvait près de votre voiture
avant que nous arrivions. Personne n'aurait pu
arriver jusqu'à vous avant que la voiture n'ait été
remorquée au bord de la route, hors de la circulation.» C'est alors que Patricia comprit qu'elle
avait été sauvée par un ange.

Que les anges s'incarnent sous forme humaine ou qu'ils existent dans le monde des esprits, ils sont ici pour appliquer le plan de paix de Dieu, à une personne à la fois. Cela signifie que les anges veulent vous aider par tous les moyens qui peuvent *vous* apporter la paix. Si vous ne savez pas ce dont vous avez besoin, vous pouvez demander aux anges de vous fournir des consignes au sujet de l'adoption d'habitudes saines pour vous. Les anges peuvent également vous donner le temps, la motivation, l'énergie et tout autre élément dont vous avez besoin pour agir selon votre inspiration divine.

Les anges vous aiment plus que les mots ne peuvent l'exprimer. Ils vous aiment inconditionnellement et ils reconnaissent la valeur de vos dons, de vos talents et de votre mission divine. Plus que tout, vos anges souhaitent que vous viviez dans une paix et un bonheur parfaits. Ils sont prêts à vous assister 24 heures sur 24 dans ce but. Vous n'avez rien à faire, sinon demander.

Chapitre Dix

QUESTIONS
FRÉQUEMMENT POSÉES
AU SUJET DES
ANGES

*V*oici quelques-unes des questions que les membres de mon auditoire posent fréquemment lors de mes conférences, de même que les lecteurs de mes livres. Je ne prétends pas connaître toutes les réponses, mais j'écoute bien et ces réponses sont celles que j'ai reçues de Dieu et des anges. Je vous encourage à leur poser vos questions et à écouter les réponses que vous recevrez vous aussi.

Question : Pourquoi ne puis-je pas entendre mes anges ?

Réponse : Les deux principales raisons pour lesquelles les gens semblent ne pas entendre leurs anges sont les suivantes : d'une part, ils s'efforcent trop d'obtenir un résultat et, d'autre part, ils ne sont pas conscients des messages qu'ils reçoivent des anges, ou ils n'en sont pas certains.

Il est important que vous ne fassiez pas des efforts démesurés, ni ne tentiez trop de les entendre. Il s'agit d'une opération facile. N'oubliez pas que les anges sont plus motivés que vous pour la conversation. Laissez-les faire leur travail et restez dans un état de réceptivité au lieu de courir après leur voix.

Tranquillisez votre esprit au moyen de la respiration, puis fermez les yeux et demandez à vos anges de vous aider à vous sentir paisible. Posez-leur alors une question. Soyez attentif aux impressions qui viennent à vous sous forme d'idées, de sensations physiques ou d'émotions, de visions ou de mots. Il est impossible de ne recevoir aucun message, puisque les anges répondent à chaque prière et à chaque question, et que vous avez toujours des pensées et des sentiments – deux canaux de la communication angélique.

Acceptez les pensées et les sentiments que vous recevez, en particulier s'ils sont répétitifs, aimants et inspirants. Les messages des anges sont souvent très simples et apparemment sans rapport avec votre question ou votre prière. Si, malgré cela, vous n'êtes toujours pas certain de la validité ou de la signification du message, demandez aux anges de vous donner un signe clair ou une information supplémentaire.

Quelquefois les gens ne peuvent pas entendre leurs anges, en raison de leurs habitudes de vie. Des interférences peuvent se produire avec une communication divine claire, notamment en cas d'environnement bruyant ou de produits chimiques ou d'animaux dans votre alimentation. Si vous percevez des sensations ou des idées fortes visant à purifier votre mode de vie, demandez aux anges la motivation et l'aide nécessaires pour le faire.

Question : J'ai demandé à mes anges de l'aide, mais cela ne semble donner aucun résultat.

Réponse : La raison la plus fréquente pour laquelle les prières semblent rester sans réponse est la suivante : vous n'avez pas remarqué ou vous avez ignoré l'inspiration divine (c'est-à-dire la réponse des anges à vos prières sous forme d'instructions ou de conseils qui vous conduiront vers la réalisation de vos désirs). Si vous attendez un type de réponse particulier à une prière, il se peut que vous ne remarquiez pas une réponse qui diffère de vos attentes. Par exemple, lorsque j'ai prié pour rencontrer mon âme sœur et l'épouser, j'ai reçu l'inspiration divine de suivre un cours de yoga, cours où j'ai, en fin de compte, rencontré mon mari. Si je n'avais pas écouté l'inspiration divine qui me conseillait de participer à ce cours, j'aurais peut-être imaginé que mes prières restaient sans réponse.

Certaines personnes n'ont pas confiance en l'inspiration divine qu'elles reçoivent. Par exemple, si vous priez pour améliorer votre situation financière, vous ressentirez peut-être fortement que vous devez lancer une entreprise ou changer d'emploi. Mais si l'idée de changer d'emploi ou de diriger une entreprise vous dérange, il est possible que vous ignoriez ce conseil et que vous pensiez que les anges ne vous aident pas financièrement.

Une troisième raison relève du « choix du moment divin ». Certaines prières reçoivent immédiatement une réponse, tandis que d'autres ont besoin de temps pour « mijoter », avant que tous les facteurs nécessaires aient trouvé leur place. Par ailleurs, les prières ne reçoivent peut-être pas de réponse avant que nous nous sentions prêts, ou que nous méritions de recevoir leur réalisation.

Question : Adorez-vous les anges ?

Réponse : Non. Les anges ne veulent pas que nous les adorions. Ils veulent que toute la gloire aille vers Dieu.

Question : Pourquoi les anges ne sauvent-ils pas tout le monde, en particulier des enfants innocents ?

Réponse : Cette question vise l'un des plus profonds mystères de la vie, et il n'est peut-être pas possible d'en connaître la réponse. Certains choisissent de ne pas lutter pour leur vie lors d'une maladie ou d'une blessure, et d'autres n'écoutent pas l'inspiration divine, qui serait en mesure de les épargner. Il semble aussi que pour nous tous il y a un « temps » pour revenir à la maison céleste, qui est déterminé par notre âme avant notre incarnation. Même si nous souhaitons que chacun choisisse une vie sur terre longue et saine, apparemment, cela ne fait pas partie de la voie ou des désirs de toutes les âmes.

Question : Que se passe-t-il si ce que je demande est contraire à la volonté de Dieu à mon égard?

Réponse : Certains craignent que leur souffrance soit la *volonté* de Dieu et ils ont peur de violer une volonté supérieure à la leur. Pourtant, si nous croyons vraiment que Dieu est amour et que nous avons confiance en la bonté de Dieu, pourquoi alors le Créateur voudrait-il autre chose pour nous que l'amour et la bonté? Jamais quelqu'un qui est tout amour ne voudrait nous « tester », ni se servir de la souffrance comme cheminement de croissance. Ne serions-nous pas plus utiles au plan de Dieu si notre énergie et notre santé étaient vibrantes et rayonnantes?

Dieu est omniprésent, en chacun de nous. Cela signifie que la volonté de Dieu est partout, en chevauchement avec la nôtre. Par ailleurs, un Dieu d'amour ne voudrait en aucun cas que vous souffriez, de même que vous ne le souhaiteriez jamais pour vos enfants. Il est vrai que vous pouvez grandir par la souffrance, mais il est également vrai que vous pouvez grandir par à la paix.

En général, les normes de Dieu à notre égard sont plus élevées que les nôtres. Très souvent, nous sommes trop modestes dans nos demandes, et Dieu demeure en attente, dans l'impossibilité de nous offrir davantage pour ne pas violer notre libre arbitre. Demandez tout ce qui vous apporte la paix, et le Ciel vous aidera avec joie.

Question : J'ai été élevé dans la croyance que je ne devais parler qu'à Dieu ou à Jésus. Est-il blasphématoire de parler aux anges ?

Réponse : Cette crainte provient de l'interprétation des textes spirituels par certaines religions. Si vous croyez que vous ne devriez parler qu'à Dieu, à Jésus ou à un autre être spirituel, alors ne violez pas cette croyance. Le faire provoquerait une peur inutile et nous ne voulons absolument pas y ajouter cette émotion négative.

Toutefois, réfléchissez à ceci : le terme *ange,* tel que nous l'avons établi précédemment, signifie

« messager de Dieu ». Les anges sont des dons du Créateur, qui jouent le rôle de facteur pour permettre l'échange de messages entre le Créateur et les créatures. Ils agissent avec une précision divine pour nous transmettre des orientations fiables. De plus, le donateur (le Créateur) souhaite que, comme pour tous les dons, nous en jouissions et que nous les utilisions. La Bible et d'autres textes spirituels sont remplis de récits positifs au sujet de personnes qui parlent aux anges, et ce phénomène naturel s'est perpétué jusqu'à nous aujourd'hui.

Question : Comment puis-je savoir que je parle réellement à un ange, et non que je me l'imagine ?

Réponse : L'inspiration divine véritable est édifiante, inspirante, motivante, positive et aimante. Les messages des anges parlent toujours d'amélioration : améliorer une perspective, la santé de quelqu'un, des relations, l'environnement ou le monde, entre autres. Les anges en général répètent le message par l'intermédiaire de vos sentiments, de vos pensées, de vos visions et de vos perceptions auditives, jusqu'à ce que vous preniez les mesures conseillées. Si vous n'êtes pas certain que ce message est réel, attendez un moment, étant donné que si vous l'ignorez, l'inspiration divine se répète alors qu'une fausse orientation disparaît.

Prenez garde au « phénomène d'imposteur » très courant, par lequel l'ego tente de vous convaincre que vous n'êtes pas qualifié pour parler aux anges et que vous ne possédez pas les qualités intuitives et psychiques nécessaires. Sachez que ce message se fonde sur la peur et l'ego.

Dieu et les anges s'expriment tous par des paroles aimantes et positives. Si vous avez entendu des paroles négatives de quiconque, en vie ou non, cessez de lui parler et priez immédiatement pour obtenir l'assistance de l'archange Michael. Il chassera les énergies inférieures et vous protégera de leur négativité.

Parler avec les anges est une expérience agréable et joyeuse. Si vous les entendez, sentez leur présence ou recevez de nouvelles intuitions, vous voudrez certainement être en communication avec eux.

Question : Si je travaille avec les anges, est-ce que je me dérobe à mes responsabilités pour ce qui est de prendre le contrôle de ma vie et de ma croissance personnelle ?

Réponse : Certaines personnes pensent qu'elles trichent en demandant l'intervention divine. Elles croient qu'elles devraient souffrir pour apprendre et grandir, et qu'elles sont responsables du fait de se mettre dans le pétrin et de s'en tirer. Pourtant, les anges déclarent que, s'il est vrai que nous grandissons par la souffrance, nous pouvons également grandir, même plus vite, par la paix. De plus, notre paix peut inspirer les autres, alors que notre souffrance ne le peut pas.

Mais les anges ne font pas tout pour vous. Ils agissent davantage comme des partenaires dans une équipe qui vous demandent de passer le ballon, lorsque vous vous déplacez collectivement vers un but. Dès que vous leur demandez de l'aide les anges interviendront, de façon miraculeuse, parfois. Mais, le plus souvent, ils vous assisteront en vous transmettant l'inspiration divine pour que vous puissiez vous aider vous-même.

À PROPOS
DE
L'AUTEURE

Doreen Virtue, Ph.D., métaphysicienne de la quatrième génération, est l'auteure du livre et des cartes divinatoires *Guérir avec l'aide des anges*, et des écrits *Archanges et Maîtres ascensionnés* et *Angel Therapy*, pour n'en citer que quelques-uns. En 2002, son manuel accompagné de cartes, *Messages from Your Angels Oracle Cards*, a été l'œuvre non romanesque la mieux vendue en Australie. Ses produits sont offerts dans la plupart des langues du monde.

Clairvoyante de naissance, collaborant avec le royaume des anges, des élémentals et des maîtres ascensionnés, Doreen est titulaire d'un doctorat (Ph.D.), d'une maîtrise (M.A.) et d'un baccalauréat (B.A.) en psychologie de l'orientation ; elle a par ailleurs été directrice de centres psychiatriques destinés à des patients hospitalisés et à des patients traités en consultation externe, dans divers hôpitaux.

Doreen a participé à des émissions de télévision et de radio, notamment à *Oprah,* à des émissions sur le réseau CNN et à *The View*. Pour obtenir plus de renseignements sur Doreen et les ateliers qu'elle anime dans le monde entier, pour vous abonner au bulletin électronique gratuit sur les messages des anges, ou encore consulter son babillard électronique ou soumettre vos récits de guérison avec l'aide des anges, rendez-vous sur le site **www.AngelTherapy.com**.

Chaque semaine, vous pouvez écouter Doreen en direct lors de son émission de radio et lui demander une interprétation, en consultant **www.HayHouseRadio.com**.

Pour obtenir une copie
de notre catalogue,
communiquez avec :
AdA
1385, boul. Lionel-Boulet
Varennes, Québec
J3X 1P7
Téléc : (450) 929-0220
info@ada-inc.com
www.ada-inc.com

Pour l'Europe, voici les coordonnées :
France : D.G. Diffusion Tél. : 05.61.00.09.99
Belgique : D.G. Diffusion Tél. : 05.61.00.09.99
Suisse : Transat Tél. : 23.42.77.40